EVA-MARIA BAST | ELENA DE F. OLIVEIRA | MIKE DURLACHER

Saarbrücker
Geheimnisse

SPANNENDES AUS DEM HERZEN DES SAARLANDS
MIT KENNERN DER STADTGESCHICHTE

Saarbrücker Zeitung

Bast, Eva-Maria; de F. Oliveira, Elena; Durlacher, Mike
Saarbrücker Geheimnisse – Spannendes aus dem Herzen des Saarlands mit Kennern der Stadtgeschichte

SAARBRÜCKER ZEITUNG in Kooperation mit:
Bast Medien GmbH, Münsterstr. 35, 88662 Überlingen (verantwortlich)
1. Auflage 2018
ISBN: 978-3-946581-57-4

Herausgeberin: Eva-Maria Bast
Ressortleitung: Heike Thissen
Historische Beratung: Peter Stefan Weszkalnys
Lektorat: Lena Bast
Bildredaktion: Magdalena Stoll
Covergestaltung: Jarina Binnig, Cornelia Müller, Melanie Kunze
Layout: Homebase – Kommunikation & Design, Jarina Binnig
Grafik: Maps4News & HERE (Karte)
Satz: Melanie Kunze
Druck: Mohn Media Mohndruck GmbH

Ein Titel der preisgekrönten Reihe *Geheimnisse der Heimat*

Inhalt

Vorwort

Saarbrücken ist voller Geheimnisse. In der Stadt gibt es Bankgeheimnisse bei Kreditinstituten, das Beichtgeheimnis in den Kirchen, das Amtsgeheimnis in den Behörden, Arztgeheimnisse in den Kliniken und das Steuergeheimnis der Finanzämter. Hier geht es immer um die Pflicht zur Verschwiegenheit und den Schutz persönlicher Daten oder heikler Informationen. Das Fernmeldegeheimnis verbietet das Abhören, Aufzeichnen oder Auswerten bei Telefonaten. Das Briefgeheimnis garantiert die Unverletzlichkeit von Postsendungen. Um Geheimisse, die vertraulich bleiben sollten oder müssen, geht es in diesem Buch nicht. Es beschreibt Geheimnisse aus dem Stadtbild von Saarbrücken und erzählt die Geschichten dazu.

Saarbrücker Geheimnisse: Das ist die Einladung, genauer hinzuschauen. Das Buch enthält viele Anregungen, Unbekanntes zu entdecken oder Bekanntes ganz anders einzuordnen. Bleibt doch zwischen Alltag und Altbekanntem der Blick für das Besondere allzu oft auf der Strecke. Hinweise und Empfehlungen können da Abhilfe schaffen. Die Autoren Eva-Maria Bast, Elena de Figueiredo Oliveira und Mike Durlacher haben rätselhafte Überbleibsel aus der Vergangenheit gemeinsam mit Saarbrücker Experten entdeckt und beschreiben ihre Geschichte.

Saarbrücken ist voller spannender historischer Geheimnisse und außergewöhnlicher Geschichten. Eine davon steckt hinter einer

Grabplatte an der Basilika St. Johann. Sie erinnert an den 1772 verstorbenen Johann Nikolaus Rehn, der wegen seiner unehrenhaften Tätigkeit abseits des Friedhofs beerdigt wurde. Er war Scharfrichter und Abdecker – zu seiner Zeit ein Außenseiter im Leben und im Tod: Die Grabplatte wurde erst im vergangenen Jahrhundert beim Fällen eines Baumes entdeckt und an der heutigen Stelle angebracht. Eine andere Geschichte handelt von einem allzu freizügigen Telemach. Die Figur des Sohnes von Odysseus und Penelope war den sittsamen Bürgern Saarbrückens Anfang des vergangenen Jahrhunderts ein Dorn im Auge. Der Klerus sah gar das christliche Sittengesetz „in allergröbster Weise" verletzt. War der Telemach doch nur mit einem Helm bekleidet und thronte damals – anders als heute – noch auf dem belebten Rathausplatz. Diese und viele weitere Geheimnisse helfen, Saarbrücken neu und anders zu entdecken. Die Stadt bietet mehr als nur bekannte Sehenswürdigkeiten wie Ludwigskirche, Rathaus, Schloss, St. Johanner Markt oder den Saarkran. Jedes Geheimnis und jeder Beitrag in diesem Buch hat seinen ganz eigenen Reiz.
Die Saarbrücker Zeitung ist gerne Kooperationspartner für diese erfolgreiche und preisgekrönte Buchreihe geworden. Bei der Lektüre der Ausgabe für Saarbrücken wünsche ich Ihnen viel Vergnügen. Flanieren Sie doch einfach mit dem Buch durch die Stadt und freuen Sie sich über den neuen Blick auf Saarbrücken und die neuen Einblicke in die Geschichte der Landeshauptstadt.

Mit freundlichen Grüßen

Peter Stefan Herbst
Chefredakteur Saarbrücker Zeitung

Die Autoren

Eva-Maria Bast, Jahrgang 1978, ist Geschäftsführerin der Bast Medien GmbH. Sie initiierte und schreibt die Buchreihe *Geheimnisse der Heimat*, die 2011 startete, rasch zu einem regionalen Bestseller wurde und 2018 in 53 Bänden vorliegt. Sie wurde für ihre Arbeit mehrfach ausgezeichnet, unter anderem erhielt sie für die *Geheimnisse* den Deutschen Lokaljournalistenpreis der Konrad-Adenauer-Stiftung. Eva-Maria Bast ist Gastdozentin an der Hochschule der Medien in Stuttgart und lebt am Bodensee.

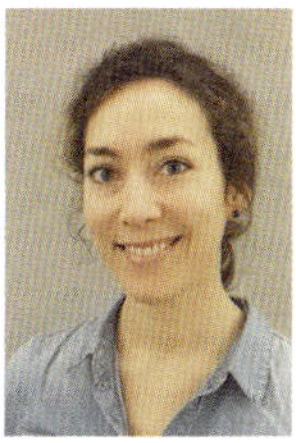

Elena de F. Oliveira, Jahrgang 1988, studierte in Konstanz Literatur-, Kunst- und Medienwissenschaften. Nach einem Jahr als Redaktionsassistentin in Karlsruhe zog es sie zurück an den Bodensee, wo sie seit 2017 bei Bast Medien volontiert. Neben ihrer Tätigkeit als Autorin arbeitet sie dank ihres Faibles für Rechtschreibung im Lektorat mit. Elena de F. Oliveira lebt in Konstanz am Bodensee.

Mike Durlacher, Jahrgang 1989, ist in Rielasingen-Worblingen im Kreis Konstanz aufgewachsen und hat in Konstanz British and American Studies und Geschichte studiert. Nach seinem Abschluss volontiert er seit 2016 bei Bast Medien, er schreibt und fotografiert für diverse Tageszeitungen und arbeitet bereits im zweiten Jahr als Autor für die *Geheimnisse der Heimat* mit. In seiner Freizeit ist er begeisterter Zeichner und Bastler und vergräbt sich gerne in historischer Fachliteratur – vor allem die Frühe Neuzeit hat es ihm angetan. Mike Durlacher lebt in Meersburg am Bodensee.

Brennender Berg

Wo Goethe Feuer fing

Schaurig schön und mollig warm muss es gewesen sein, als Johann Wolfgang von Goethe (1749-1832) im Jahr 1770 den Brennenden Berg besuchte, der direkt auf der Stadtgebietsgrenze von Saarbrücken und Sulzbach liegt. Der Dichterfürst hielt die Eindrücke der Reise im zehnten Buch seines Werkes *Aus meinem Leben. Dichtung und Wahrheit* fest und beschrieb die Begebenheit folgendermaßen: „Wir traten in eine Klamme und fanden uns in der Region des brennenden Berges. Ein starker Schwefelgeruch umzog uns; die eine Seite der Hohle war nahezu glühend, mit rötlichem, weißgebranntem Stein bedeckt; ein dicker Dampf stieg aus den Klunsen hervor, und man fühlte die Hitze des Bodens auch durch die starken Sohlen."
Rund 250 Jahre später ist auf besagtem Berg von glühenden Steinwänden oder aufsteigendem Dampf keine Spur mehr. Und man muss auch kein Fakir sein, um barfuß den Waldboden betreten zu können. Angesichts der Örtlichkeit, wie sie sich heutzutage ihren Besuchern präsentiert, fragt man sich: Befand sich Goethe im Fieberwahn, als er diese Zeilen niederschrieb? Kurzum: Dichtung? Oder Wahrheit?

Dr. des. Heidi Kügler, Vorsitzende des Saarländischen Vereins für Denkmalschutz, kann bestätigen, dass der 21-jährige Jurastudent keineswegs halluzinierte, als er den Brennenden Berg Ende des 18. Jahrhunderts wie beschrieben vorfand. Noch 100 Jahre später muss die Hitze dort oben ganz erheblich gewesen sein. „Mein Opa hat mir erzählt, dass er hier in seiner Jugendzeit Spiegeleier braten konnte", verrät sie schmunzelnd. „In den 1920er-Jahren war das also noch möglich." Mit der Zeit hätten die Temperaturen dann abgenommen, seinen Namen trägt der Brennende Berg aber immer noch. Doch wie war es eigentlich zu den hohen Temperaturen gekommen?

Heidi Kügler prüft mit ihrer Hand die Temperatur in der Felsspalte.

Obwohl die Vermutung naheliegt, handelt es sich bei der bewaldeten Anhöhe nicht um einen Vulkan. „Der Grund ist eine Kohlenschicht, die unterirdisch durch das Gestein verläuft, ein sogenanntes Kohlenflöz, das seit den 80er-Jahren des 17. Jahrhunderts im Inneren des Berges schwelt", klärt Heidi Kügler auf. „Heute dürfte es noch *glunsen*, wie man so schön sagt. Denn es steigt noch etwas Rauch aus den Felsspalten auf." Je nach Jahreszeit sei dieses Phänomen stärker oder schwächer zu beobachten. Auch der Schwefelgeruch sei noch wahrnehmbar. Was die hohen Temperaturen angeht, kann die Kunsthistorikerin Entwarnung geben: „Wenn man mit der Hand in die Spalte hineingreift, fühlt man noch ein wenig Wärme, aber es besteht keine Gefahr, sich zu verbrennen."

Weshalb das Kohlenflöz 1688 in Brand geriet, darüber gibt es „verschiedene Histörchen", wie Heidi Kügler sagt. „Eine brennende Grubenlampe soll das Feuer verursacht haben, aber das ist ungewiss", spricht sie eine der Theorien an. Einer anderen Erklärung zufolge, die jedoch eher im Bereich der Sagen zu verorten ist, war es ein Hirte, der ein Feuer an einem Baumstock entfachte, das an dessen Wurzeln entlang bis zu dem Kohlenflöz hinabdrang. Möglicherweise sind die Gründe auch in der Erde selbst zu finden: Wie in einem Heuballen, in dem sich Wärme bildet, könnten der hohe Druck und der Luftentzug dazu geführt haben, dass sich die Kohle selbst entzündete. „Zunächst haben die Bewohner von Dudweiler sich noch bemüht, ihn mit Wasser zu löschen, doch sie erreichten damit das Gegenteil, nämlich eine Verstärkung des Brands", berichtet Heidi Kügler. Auch die Errichtung einer Brandmauer, mit der das Feuer unter Kontrolle gebracht werden sollte, um die umliegenden Hütten zu schützen, zeigte keinen Erfolg – genauso wie spätere Versuche, den unterirdischen Brand zu zähmen.

Der Brand hatte in industrieller Hinsicht jedoch auch sein Gutes, denn er ermöglichte die Gewinnung von Alaun, also Kalium-Aluminium-Sulfaten, die in der Medizin, der Gerberei, der Papierherstellung sowie beim Färben von Textilien Verwendung fanden. Durch die enorme Hitze wurden die Kohlebestandteile des im Boden vorhandenen Tonschiefers quasi geröstet, sie reagierten in Verbindung mit Regen- und Grundwasser und bildeten eine

Lauge. Aus dieser wiederum konnten in den Alaunhütten die benötigten Grundstoffe Kaliumalaun und Eisenvitriol gewonnen werden. Wenige Jahre nachdem das Kohlenflöz zu brennen begonnen hatte, erhielt die Gegend 1691 durch eine landesherrliche Konzession die offizielle Befugnis zur Alaungewinnung. Diese hielt bis Mitte des 19. Jahrhunderts an, dann waren die Schiefervorkommen so gut wie aufgebraucht.

Goethe war die bedeutende Bergbaukultur rund um Saarbrücken bekannt, denn er schreibt, er habe „von den reichen Duttweiler Steinkohlegruben, von Eisen- und Alaunwerken" gehört. Die Felsklamm, die der Dichter mit Worten vor Augen führte, war durch den Abbau des Schiefers entstanden. Feuer gefangen hatte der später gefeierte Literat bereits, bevor er den Brennenden Berg mit eigenen Augen sah. Natürlich nicht im buchstäblichen, sondern im übertragenen Sinn: Der Aufenthalt in Saarbrücken hatte in ihm „das Interesse der Berggegenden" sowie „die Lust zu ökonomischen und technischen Betrachtungen, welche mich einen großen Teil meines Lebens beschäftigt haben, zuerst erregt".

Auch wenn das rote Glühen verschwunden, der Schwefelgeruch nicht mehr so intensiv ist und die Rauchschwaden seltener sichtbar sind: Faszinierend ist es dennoch, wie aus einer kleinen Flamme ein Naturdenkmal wurde. Hätte der Dichterfürst nicht darüber geschrieben – es wäre wohl nicht minder spektakulär, aber eben nicht in die Weltliteratur eingegangen.

Elena de F. Oliveira

So geht's zum Brennenden Berg:

Der Brennende Berg ist ausgeschildert und über verschiedene Wege zu erreichen. So zum Beispiel über den Weg, der vom Parkplatz am Ende der Neuweilerstraße in Dudweiler hinauf in den Wald führt.

Dieses Steinmetzzeichen erinnert von der Form her an ein Strichmännchen.

02

Steinmetzzeichen

Für die Ehre und für den Lohn

Was ist denn das für ein lustiges Strichmännchen, das da in die äußere Höhlenwand eingeschlagen ist? Ganz versteckt, kaum wahrnehmbar, so, dass man sehr genau hinsehen muss, um es zu entdecken. Roland Schmitt, Bibliothekar beim Saarländischen Rundfunk, hat das getan, als er sich für eine Broschüre über den Halberg, auf dem sich die Höhle befindet, ausführlich mit der Mithrasgrotte beschäftigt hat. „Das ist ein Steinmetzzeichen", sagt er. Er hat auch noch ein zweites in der Mitte der rechten äußeren Felswand entdeckt.

„Die in den 1770er-Jahren in die äußeren Seitenwände eingehauenen Nischen wurden angesichts ihrer erkennbar hohen Qualität von Profis gefertigt, vor allem jene drei mit schuppenartiger Verzierung", führt der Bibliothekar aus. Doch nicht nur die Nischen sind an der Mithrasgrotte bemerkenswert: „Bei der Heidenkapelle handelt es sich um einen der ältesten historischen Orte im Umkreis von Saarbrücken", sagt Schmitt. Bewohner der römischen Siedlung unterhalb des Halbergs richteten in der natürlichen Höhle ein Heiligtum ein, das dem griechisch-römischen Gott (persischen Ursprungs) Mithras, der mythologischen Personifizierung der Sonne, geweiht war. Im Mittelalter hätten Pilger den inzwischen christianisierten Ort, welcher als Wallfahrtstätte diente, besucht; im 18. Jahrhundert habe man die „Heidenkapelle" dem Zeitgeschmack entsprechend in den Schlosspark eingebunden. Die erste Ehefrau des Grafen Ludwig von Nassau-Saarbrücken (1745-1794), Wilhelmine, soll hier sogar Teestunden abgehalten haben. „Zur Gestaltung des Platzes entstanden viele der flachen Nischen in der Grotte und an den Außenwänden, um Skulpturenschmuck aufzustellen." So eben auch die Nische neben den Steinmetzzeichen.

Roland Schmitt weiß, was es mit den geheimnisvollen Zeichen in der Mithrasgrotte auf sich hat.

Zeichen wie diese beiden finden sich an zahlreichen sakralen und profanen Bauten – vornehmlich aus dem Mittelalter. Im 18. Jahrhundert, als die Nischen in der Mithrasgrotte eingehauen wurden, war die hohe Zeit der Steinmetzzeichen eigentlich schon vorbei. Steinmetzzeichen sind im Grunde Signaturen der Männer, die die Steine behauen haben. So, wie Künstler ihren Namen unter die Werke schreiben, an denen sie gearbeitet haben, hauten Steinmetze eben ihre Zeichen ein. Das geschah aber weniger wegen des Stolzes auf das eigene Werk – es diente vor allem der Abrechnung: Ein Steinmetz stapelte die Quader, die er behauen hatte, und versah die obere Reihe mit seinem Steinmetzzeichen. So konnte der Meister am Zahltag genau erkennen, welcher Stapel zu welchem Steinmetz gehörte, wie viele Steine er gehauen hatte, und ihn nach Stück bezahlen.

Jeder Lehrling einer Bauhütte bekam nach seiner fünfjährigen Ausbildung ein solches Steinmetzzeichen, das er wohl selbst entwerfen

durfte und das nicht mehr geändert werden konnte. Manche Quellen sagen, dass sich die Steinmetzzeichen einer Bauhütte allesamt ähnelten und voneinander abgeleitet wurden. Dadurch habe man erkennen können, wo ein Steinmetz – die Angehörigen dieses Berufsstandes gingen viel auf Wanderschaft – gelernt hatte. „Bei schweren Verstößen gegen die Bruderschaft“ habe das Steinmetzzeichen aufgehoben werden können, schreibt Alfred Schottner in einer Abhandlung über die mittelalterlichen Dombauhütten. Darin erklärt er auch: „Das Zeitalter der etwa von 1250-1500 andauernden ‚himmelsstürmenden Gotik‘ war zugleich die hohe Zeit der Steinmetzzeichen. An den aus jener Epoche noch vorhandenen Bauwerken sind sie zu Hunderten abzulesen, wobei die Stabform mit Abzweigen bzw. Ästen vorherrscht.“
Übrigens: Wurde ein Steinmetz zum Meister, durfte er sein Zeichen in ein Wappen setzen – und wenn die Nachfahren ebenfalls Baumeister waren, übernahmen sie das Wappen meistens. Durch derartige Kennzeichnungen war es möglich, das Wirken einer Baumeisterfamilie über viele Jahrhunderte hinweg zu verfolgen, zumal diese sich oft stolz selbst ein Denkmal setzten, indem sie das Wappen deutlich sichtbar, zum Beispiel auf Schlusssteinen, anbrachten.

Und auch an der Mithrasgrotte verewigten sich nun zwar nicht die Baumeister, aber eben die Steinmetze, die die Nischen aus der Sandsteinhöhle herausgehauen hatten. Wer würde denken, welch große Geschichte hinter diesen kleinen eingehauenen Strichmännchen steckt?

Eva-Maria Bast

So geht's zu den Steinmetzzeichen:

Die Mithrasgrotte befindet sich auf dem 3,5 Kilometer langen Rundweg „Historischer Halberg“. Vom Parkplatz-Rondell mit der ersten großen Infotafel führt ein Waldweg den Hügel herunter; das Mithrasheiligtum wird bereits nach wenigen hundert Metern erreicht. Die Steinmetzzeichen befinden sich fünf Meter vor dem Schutzgitter auf der rechten Seite in einer Höhe von 1,80 bis zwei Metern.

Viel mehr ist von der einstigen Weinbergromantik nicht geblieben: die Mauerreste am Wegesrand.

03

Mauerrest

Alte Steine, edle Tropfen

Berge bietet das Saarbrücker Stadtgebiet so einige. Da wären zum Beispiel der Halberg, der Winterberg oder der Sonnenberg, um nur ein paar zu nennen. Diese drei Erhebungen teilen die eigentümliche Gemeinsamkeit, dass die Besucher auf jeder von ihnen rätselhafte Steine antreffen (siehe Geheimnis 08). Der Winterberg wartet jedoch mit einer weiteren Besonderheit auf, denn er beheimatete einst „Berge" am Berg. Und davon zeugen heute noch die auf den ersten Blick unscheinbaren Mauerreste am Rand eines Waldweges im südwestlichen Hangbereich. „Die weiß natürlich kaum jemand zu deuten", kommentiert Stefan Weszkalnys, Lokalhistoriker und im nahen St. Arnual aufgewachsen. „Wer hier vorbeiläuft, sieht nur ein paar alte, dunkle Sandsteine."

Die Geschichte der heutigen Mauerreste reicht bis ins erste Drittel des 19. Jahrhunderts zurück. Sie erstreckt sich auch auf die angrenzenden, zum darunter liegenden Kasental hin leicht abfallenden Flächen und hat mit der Produktion edler Tropfen zu tun. „Das ist der alte Lucas'sche Weinberg", erläutert der Stadtkenner, „benannt nach dem Familiennamen der Eigentümer."

Neben der Familie Lucas besaß auch die Familie Mügel mit dem Petersberg vor allem unterhalb des heutigen „Weinbergweges" Weingärten, die Dr. Maximilian von Voß mit seiner Frau Clara geb. Röchling (Tochter des Kaufmanns Fritz R.) 1893 erwarb und durch Neubau des „Petersberger Hofes" ab 1896 zu neuer Blüte führen wollte.

„Nach 1830 etwa gehörte es zum guten Ton der wohlhabenden Familien, einen Weinberg zu besitzen. Eigener Wein war der Ausweis gediegenen Bürgertums."

Einem 1957 erschienen Beitrag des Saarbrücker Oberlehrers Theo Schmidt (1876-1958) ist zu entnehmen, dass es sich bei Lucas und Mügel um „markante Persönlichkeiten des 18. und 19. Jahrhunderts [handelte], die, wenn sie auch erst um 1700 von auswärts in die Nassau-Saarbrücker Residenzstadt eingewandert waren, durch Heirat in angesehene und wohlhabende altheimische Bürgerkreise kamen, um dann als Inhaber von bedeutsamen Handelshäusern, florierenden Mühlen und reichem Grundbesitz eine Wohlhabenheit zu repräsentieren, die sich die Liebhaberei kostspieliger Weinberganlagen und ihrer Betriebe gestatten konnten".

Die Entstehung des Weinguts Petersberg datiert Schmidt in das Jahr 1826/27, ausgehend von einer Statistik über Mostgewichte von 1834. Zuvor hatte es seit 1556 und 1657 keine schriftlichen Belege mehr für den Weinanbau gegeben. „Nach 1830 etwa gehörte es zum guten Ton der wohlhabenden Familien, einen Weinberg zu besitzen", berichtet Stefan Weszkalnys über die Rückkehr der Rebgärten. „Eigener Wein war der Ausweis gediegenen Bürgertums."

Aufgrund ihrer Südexposition bot sich die zum Tal hin abfallende Hangseite am Winterberg für den Anbau der begehrten Trauben geradezu an. „Das Kasental – was übersetzt Eichental bedeutet, verwandt mit dem französischen *chesne*, modern *chêne* – war besonders warm und daher für den Weinbau besonders günstig", fügt Weszkalnys hinzu. Auf dem Petersberg wurden zwei edle Tropfen erzeugt: „Weißer

Traminer“ und „Roter Möhrchen“, wie Schmidt berichtet. Letztere Rebsorte war „wohl nach ihrem Herkunftsgebiet in Frankreich, ‚Morvillon‘ bekannt […], woraus sich die Saarbrücker Dialektbezeichnung ‚Möhrchen‘ bildete“.

Der Weinbau hielt Schmidt zufolge bis 1915 an, dann kam er durch die Kombination aus Schädlingsbefall und den Begleiterscheinungen des Ersten Weltkriegs zum Erliegen. „Die Reblaus, die die Wurzeln vernichtete, und der Mangel an Arbeitskräften, zuerst durch Abgang in die besser bezahlende Industrie, dann durch Einberufung zum Kriegsdienst, haben zusammen dazu geführt, dass der Weinbau hier eingestellt werden musste“, führt Stefan Weszkalnys aus.

Die terrassenförmig angelegten Rebgärten verfielen zusehends, sie wurden zunächst noch für den Anbau von Obstbäumen und später als Weidekoppeln genutzt. „Dort, wo die Terrassen besonders steil zueinander abfielen, standen weitere Sandsteinmauern; geringe Reste und ein ehemaliges Weinberghäuschen gibt es noch auf Privatgelände unterhalb der Wohnhäuser aus den 1970er-Jahren, aber nach meiner Kenntnis ist das hier am verlängerten Hans-Dietlen-Weg die letzte öffentlich zugängliche Spur des Weinbaus“, bekundet der Saarbrücker mit Blick auf die steinernen Reste am Wegesrand.

Wie ihr Standort bereits vermuten lässt, dienten die Mauern einst nicht als Stützmauern, sondern bildeten den Eingang in den Weinberg. Wer also heute aufbricht, um einen Spaziergang den Südwesthang des Winterbergs entlang zu machen, kann nicht nur die schöne Landschaft genießen, sondern auch völlig nüchtern in weinseliger Erinnerung schwelgen.

Elena de F. Oliveira

So geht’s zum Mauerrest:

Er befindet sich nach wenigen Metern rechts des Weges, der am östlichen Ende des Hans-Dietlen-Weges unterhalb der Winterberg-Kliniken in den Wald hineinführt.

Kastell

Der Katalysator einer Stadt

Die beiden Säulen des römischen Imperiums, des „Senatus Populusque Romanus“, waren der Handel bis in die entferntesten Ecken des Reiches und die militärische Stärke. Und um das zu gewährleisten, bauten die Römer vor allem eines: Straßen. Diese Meisterwerke der Ingenieurskunst, über Kilometer perfekt gerade durch die Landschaft führend und Jahrhunderte, wenn nicht sogar ein ganzes Jahrtausend überdauernd, führten auch an Saarbrücken vorbei. Die eine Straße verband die Städte Trier und Straßburg, die andere verlief zwischen Metz und Mainz. Und in der Nähe von Saarbrücken kreuzten sie sich und bildeten damit einen wichtigen Knotenpunkt für den Handel und die militärischen Möglichkeiten der Römer in der Region.

Damit die Straße zwischen Metz und Mainz überhaupt benutzt werden konnte, musste man die Saar überqueren. Hierfür bauten die Römer, genauer gesagt deren Legionäre, sowohl die Straßen als auch eine steinerne Brücke über den Fluss aus. So konnten Waren in aller Herren Länder gebracht und Truppen sehr schnell an die Brennpunkte der Grenzen verschoben werden. Adolf Köllner schreibt in seiner *Geschichte der Städte Saarbrücken und St. Johann* von 1865: „Doch steht es fest, daß in der Nähe jener Bau-Reste, sich eine Brücke über die Sar befand, deren Ueberbleibsel bei niederem Wasserstande noch unlängst sichtbar waren.“

Um das Ensemble aus der wichtigen Straßenkreuzung und der Brücke zu schützen, bauten die Römer etwa 369 n. Chr. ein Kastell, ein festes, von Mauern umgebenes Heerlager, das die Brücke und die Straßen mit seinen Soldaten überwachte. Gleichzeitig konnten die Soldaten von hier aus schnell mobilisiert und zu etwaigen Konfliktpunkten nahe der Grenze in Marsch gesetzt werden. Von der Brücke ist heute nichts mehr zu erkennen, vom Kastell lassen sich noch Fundamente

Die Bauten der Römer überdauerten die Zeit. Überreste sind heute noch im Saarbrücker Boden zu finden.

finden, die 1924, 1927, 1932 und 1962 ausgegraben und konserviert wurden.

Solche Kastelle, von denen es entlang der Grenze zu den germanischen Stämmen zahlreiche gab, waren regelrechte Magnete für alle möglichen Leute – Handwerker, die für die Legion arbeiteten, Bauern, die die Soldaten mit Nahrung versorgten, Händler, die den Legionären für ihren Sold allerlei Dinge verkauften, die die Soldaten fern der Heimat unterhalten sollten. Sie alle trafen hier zusammen. Übrigens hatte sich an der Stelle, an der das Kastell gegründet wurde, schon rund 300 Jahre zuvor eine gallo-römische Siedlung befunden.

„Doch steht es fest, daß in der Nähe jener Bau-Reste, sich eine Brücke über die Sar befand, deren Ueberbleibsel bei niederem Wasserstande noch unlängst sichtbar waren.“

Die Siedlung und das Kastell unterhalb des Halbergs überdauerten die Wirren der Völkerwanderung nicht, die Brücke blieb noch bis in das Mittelalter bestehen. Das Kastell und der Fernhandelsknotenpunkt bildeten dabei nicht die Keimzelle von Alt-Saarbrücken, vielmehr waren es die mehr als 600 Jahre später erstmals schriftlich erwähnte, strategisch günstig auf einem Felsen gelegene Burg und die ihr vorgelagerte Siedlung. Die Saar umfloss in einem Bogen den Felsen und bot dadurch zusätzlichen Schutz, was sich erst im Laufe des 18. Jahrhunderts änderte, als der Fluss an dieser Stelle begradigt wurde. Aber das ist eine andere Geschichte, die wir ab Seite 168 erzählen.

Mike Durlacher

So geht’s zum Kastell:

Das Kastell befindet sich in der Nähe der Bahngleise auf einer Grünfläche bei der Straße An der Römerbrücke 2.

Nicht mehr zu erkennen: die Gestalt im Brunnenpavillon auf dem Schlossplatz.

05

Brunnenfigur

Vom Regen in die Traufe

Wer hat sich denn hier ins Trockene geflüchtet? Die steinerne Figur auf dem Sockel ist Teil des Wasserspiels, das in Form einer Art Pavillon im nordwestlichen Bereich des Schlossplatzes steht. An den vier metallenen Stützen, die das Dach tragen, plätschert über jeweils vier kaskadenförmig angebrachte Vorsprünge fröhlich das Wasser von den Dachkanten herunter. Die Gestalt, die in dem Häuschen dauerhaft Unterschlupf gefunden hat, lässt sich jedoch schwerlich identifizieren. Der rechte Arm und das Gesicht sind abgeschlagen, die Vorderseite stark verwittert, der Faltenwurf des Gewands ist zum Teil noch erkennbar. Und obwohl das Brunnenhäuschen vor dem Schloss ein beliebtes Fotomotiv ist, weiß kaum jemand, wen es beherbergt.

Dr. Ilka Desgranges hingegen muss es wissen. Die Leiterin der Redaktion Saarbrücken bei der *Saarbrücker Zeitung* hat sich eingehend mit Figuren wie dem Steinernen auf dem Schlossplatz beschäftigt, und zwar mit jenen, die oben auf der Ludwigskirche thronen. „Nachdem die Figuren viele Jahre zuvor größtenteils im Zweiten Weltkrieg zerstört worden waren, habe ich sie bei der Restaurierung begleitet", berichtet sie, „vom Herunternehmen über den Weg in die Werkstatt zu den Restauratoren und wieder zurück." In der schlimmsten Bombennacht vom 5. auf den 6. Oktober 1944 war die Kirche komplett ausgebrannt. Im Zuge der Sanierung ab 1978 wurden auch die Balustraden-Figuren auf dem Dach instand gesetzt. Manche von ihnen hatte es allerdings so schwer getroffen, dass man sie nicht mehr retten konnte beziehungsweise eine Reparatur zu aufwendig war. „Eine der irreparabel beschädigten Figuren steht heute in der Ludwigskirche, sozusagen als Mahnmal, das an die Zerstörungen des Krieges erinnert", sagt Ilka Desgranges. „Und die Allegorien *Liebe* und *Glaube* wurden im Foyer des Mittelbaus des Schlosses untergebracht", fügt sie hinzu.

Dr. Ilka Desgranges weiß, um wen es sich bei der steinernen Brunnenfigur handelt.

Was jedoch die steinernen Dachbewohner der Ludwigskirche mit einem Wasserspiel auf dem Schlossplatz zu tun haben? Die Redakteurin gibt die naheliegende Antwort: „Bei der Gestalt im Brunnenhaus handelt es sich ebenfalls um eine der kaputten Balustraden-Figuren, die nicht restauriert wurden."

Das Wasserspiel selbst gelangte mit der Sanierung des Schlosses auf dessen neu gestalteten Vorplatz. Nachdem 1981 der Beschluss dazu gefasst war, fanden in den Jahren 1982 bis 1989 unter der Leitung einer Arbeitsgemeinschaft die Umbauarbeiten statt, der auch der 1920 geborene Architekt Gottfried Böhm angehörte. Er lieferte nicht nur den Entwurf für den Neubau des Mittelpavillons, sondern auch die Pläne

zur Umgestaltung des Vorplatzes. Dabei orientierte er sich an dem barocken Vorgängerbau, den Friedrich Joachim Stengel (1694-1787) im Jahr 1748 fertiggestellt hatte.
„Gottfried Böhm konzipierte auch das Brunnenhäuschen, das er von der Form her dem Mittelrisalit, also dem vorspringenden modernen Gebäudeteil des Schlosses, nachempfand", beschreibt Ilka Desgranges die architektonischen Eigenschaften. „Dort hinein stellte er eine der Figuren vom Dach der Ludwigskirche."
An der Stelle, wo seit Ende der 1980er-Jahre der Böhm'sche Brunnenpavillon steht, platzierte Stengel für seine Schlossanlage einst eines von zwei achteckigen Wächterhäuschen. Der Architekt der Barockzeit hätte sich vermutlich nicht träumen lassen, dass hier später einmal ein Mann der Kirche wachen würde. Es ist nämlich der Apostel Paulus, der das Kirchendach verließ, um seine steinerne Existenz fortan überdacht weiterzuführen. Und auch er erinnert an seinem neuen Standort an die wechselvolle Geschichte von Zerstörung und Wiederaufbau.

Oben rechts auf der Ludwigskirche lässt sich mittlerweile wieder nachvollziehen, wie die Brunnenfigur aussah, bevor sie in Mitleidenschaft gezogen wurde. Dorthin kehrte die Paulus-Figur in restaurierter Form nämlich als Kopie zurück. Den Blick nach rechts gewandt und das geschlossene Buch unter den linken Arm geklemmt, stützt sich der bärtige Mann mit beiden Händen auf das zweite Attribut, mit dem er typischerweise dargestellt wird: das Schwert.

Im Gegensatz zu seinem Duplikat und Nachfolger auf dem Dach der Ludwigskirche muss der Wächter des Schlossplatzes nicht länger im Regen stehen. Nasse Füße bekommt er durch das Spritzwasser trotz erhöhtem Sockel aber immer noch.

Elena de F. Oliveira

So geht's zur Brunnenfigur:

Sie befindet sich unter dem Dach des Brunnenhäuschens im Nordwesten des Schlossplatzes.

06

Hände

Zyklus des Lebens

An diesem Portal kann man sich buchstäblich die Hand reichen. Allerdings nicht mit einem anderen Menschen, sondern mit Bronzehänden, die allesamt am Geländer – je zwei links und rechts des Portals – der Basilika St. Johann angebracht sind. Gästeführerin Britta Hess legt ihre eigene Hand auf eine der etwa gleich großen bronzenen und erzählt, dass das Geländer und das Portal, zu dem es führt, wesentlich jünger seien als die Kirche. „Sie stammen aus dem Jahr 1986", sagt sie.

Das Geländer ist zwar im Stil des Barocks gehalten, aber dennoch nicht überladen. Und das hängt eng mit dem Künstler zusammen, der diesen Handlauf schuf: Ernst Alt (1935-2013). Er wollte zunächst Priester werden und hielt sich viel in barocken Kirchen auf, die ihn inspirierten und dazu brachten, sich der Kunst zuzuwenden. „Ernst Alt wanderte durch Italien und wurde dort besonders von der florentinischen Renaissance und der römisch-lateinischen Formensprache der ewigen Stadt beeinflusst", erzählt Britta Hess. Alt besuchte nie eine Kunstakademie und genoss nie Zeichenunterricht. Als Autodidakt brachte er sich alles selbst bei. Aus Italien nach Saarbrücken zurückgekehrt, begann er seine Arbeit in seinem neuen Atelier im Elternhaus und konnte 1957 erste Erfolge als Künstler verbuchen. Seine Kunst wandelte sich im Lauf der Jahre von scharfen und deutlichen, klaren Linien und einer gewissen Einfachheit seiner frühen Schaffensphase hin zu einem anachronistischen Stil. Ernst Alts Kunst wird „ab Ende der 60er Jahre doch weicher und opulenter im Umgang mit Farben und Formen; seine Werke quellen über von Symbolen, Metaphern und ausschmückenden Accessoire", beschreibt Dr. Thomas Albrecht in seinem Vorwort zum Buch *Die Heilsgeschichte in Farbe.*

Alt hat sich dabei den modernen Strömungen der Abstraktion und Nicht-Gegenständlichkeit seiner Zeit widersetzt, er war stolz auf

Britta Hess legt ihre Hand auf eine der Hände am Geländer.

„römisches Lebensgefühl zwischen barocker Farbenlust und getaufter Sinnlichkeit“, schreibt Albrecht weiter, was aber „in einer nicht unproblematischen Ungleichzeitigkeit zur Gegenwartskunst“ stand, erklärt der katholische Theologe Prof. Heinz Günther Schöttler in seiner Laudatio auf ein von Ernst Alt geschaffenes Portal in Ahrweiler. Sein Stil und seine durchweg christliche Kunst sorgten für Kritik seitens seiner künstlerischen Zeitgenossen. Alt sah sein Schaffen aber als „Kontrapunkt zu den zum Teil recht chaotischen und nihilistischen Strömungen einer künstlerischen Moderne im Europa der Nachkriegszeit, die sich oftmals zynisch und provokant den eigenen kulturellen Wurzeln verwehrte“, charakterisiert Thomas Albrecht Alts Einstellung.

Und so kommt es, dass das Portal und die Handläufe, obwohl so viel jünger als das Barock, doch etwas von diesem Stil abbekommen haben. Denn Alt greift zwei wichtige Motive der barocken Kunst auf: „Vanitas“ und „Memento mori“.

Dies kann anhand des Geländers verdeutlicht werden: Bei der Hand ganz links handelt es sich um die eines Kindes, kaum groß genug, das Seil und den Knoten zu halten. Die nächste, ein paar Stufen weiter hinauf, ist eine zierliche Frauenhand, sie trägt einen feinen Ring und hält das Seil mit spitzen Fingern. Rechts vom Portal greift oben eine muskulöse Männerhand mit starker Faust das Seil, im Vollbesitz ihrer Schaffenskräfte. Und schließlich rechts unten eine sehnige, knochige Greisenhand, die einen Rosenkranz hält: Während die Kinderhand einen Knoten als Beginn des Seiles greift, umfasst die Greisenhand das ausgefranste Ende des Seils. „Der Handlauf stellt den Lauf des Lebens dar, von der Kindheit über die Jugend und die Blütezeit zum Greisenalter“, verdeutlicht Britta Hess die Bildsprache. Das Leben unterliegt, wie alles, der Vergänglichkeit,

Knochig, sehnig und lang gestreckt wirkt die Greisenhand, der Rosenkranz spendet ihr Trost.

das ist auch die Bedeutung des lateinischen Begriffs „Vanitas". Man wird also am Eingang der Kirche an seine eigene Vergänglichkeit erinnert, daran, dass man sterben wird, was im Lateinischen das „Memento mori" zum Ausdruck bringt.

Die Kirche wurde von Friedrich Joachim Stengel (1694-1787), dem barocken Baumeister, an dem in Saarbrücken kein Weg vorbeiführt, errichtet. Neben dem Neubau des Schlosses, der Friedenskirche, der Ludwigskirche und dem Erbprinzenpalais zeichnet er im Saarland für viele weitere Werke verantwortlich. An der Stelle, an der heute die Basilika steht, befand sich Überlieferungen zufolge schon in der Merowinger-Zeit eine Kapelle, urkundlich belegt ist diese seit 1325. Die Reformation wurde hier von Philipp III. von Nassau-Saarbrücken (1542-1602) bis 1575 eingeführt. Und mit der Reformation im Nassauer Gebiet, zu dem auch Saarbrücken gehörte, wurde die alte Kapelle umgebaut und erweitert. Dieser Bau wurde wiederum, als der französische König Ludwig XIV. (1638-1715) Saarbrücken annektierte, 1684 rekatholisiert. Das Gotteshaus war aber nach einiger Zeit zu klein, sodass man einen Neubau plante und schließlich die heutige Kirche 1758 einweihte.
„Und in ebendiesem Stil, dem Barock, fertigte Ernst Alt den Handlauf für die Kirche, die seit 1975 den Ehrentitel einer *basilica minor* trägt", führt Britta Hess die Baugeschichte der Kirche und die Interpretation des Künstlers für den Handlauf zusammen. Er setzte sich – gegen den Zeitgeist – für einen Stil ein, der so wunderbar mit dem Gebäude harmoniert: modern und doch barock. Aber von 1986.

Mike Durlacher

So geht's zu den Händen:

Die Hände befinden sich am Hauptportal der Basilika St. Johann in der Katholisch-Kirch-Straße 26.

Relief

Saarbrücken ist umgezogen

Wie friedlich sie beisammenstehen, die drei allegorischen Figuren der Städte St. Johann, (Alt-)Saarbrücken und Malstatt-Burbach. „Die rechte Figur symbolisiert St. Johann, sie trägt die St. Johanner Rose. Die linke Figur steht für Saarbrücken, heute Alt-Saarbrücken, mit dem Schild des Grafen von Nassau-Saarbrücken. Und die mittlere hat einen Hammer und steht für Malstatt-Burbach, die Industriestadt", beschreibt die Vorsitzende des Bürgerforums, Ulrike Donié, die Bedeutung der Figuren auf dem Relief. Die Figuren hatten zusammen mit zwei weiteren Zierelementen (siehe Geheimnis 14) bis 2008 den der Viktoriastraße zugewandten Giebel des Hauses Nummer 23-25 geschmückt, genannt „Walters Eck", ehemals Tanzcafé Kiefer. Sie wurden dann, nach dem Abriss des Gebäudes, 2012 vor dem Stadtarchiv aufgestellt. Als das beliebte Café Kiefer Anfang des 20. Jahrhunderts errichtet wurde, war der Eindruck des Zusammenschlusses noch ganz frisch: „Am 5. Dezember 1908 wurde vertraglich vereinbart, dass Saarbrücken, St. Johann und Malstatt-Burbach zum 1. April 1909 zur Stadt Saarbrücken vereint werden", berichtet Ulrike Donié. Rund 105.000 Einwohner lebten in dieser neuen Stadt. „Das war die fünftgrößte deutsche Großstadt links des Rheins", verdeutlicht die Vorsitzende des Bürgerforums die Dimensionen. Mit der Vereinigung wurde Saarbrücken außerdem eine kreisfreie Stadt.

„Die rechte Figur symbolisiert St. Johann, sie trägt die St. Johanner Rose. Die linke Figur steht für Saarbrücken, heute Alt-Saarbrücken, mit dem Schild des Grafen von Nassau-Saarbrücken. Und die mittlere hat einen Hammer und steht für Malstatt-Burbach, die Industriestadt."

Das Relief vor dem Stadtarchiv erinnert an den Zusammenschluss von Alt-Saarbrücken, St. Johann und Malstatt-Burbach.

Erster Oberbürgermeister der neuen Großstadt Saarbrücken wurde schließlich Emil Mangold (1867-1945), der zehn Jahre im Amt war. Er blieb, bis er am 18. März 1919 gezwungen wurde zu gehen: Unter der französischen Militärverwaltung nach dem Ersten Weltkrieg wurde er ins unbesetzte Gebiet ausgewiesen. Mangold starb kurz nach dem Zweiten Weltkrieg am 17. Mai 1945. Nach Mangold übernahm August Klein kommissarisch die Verwaltung.

Ulrike Donié hat sich hingebungsvoll um das Relief gekümmert.

Allein: Die Figuren blieben all die Zeit über an ihrem Platz hoch oben am Giebel des Café Kiefer, sahen die Franzosen einmarschieren und wieder abziehen, erlebten den Zweiten Weltkrieg, überstanden den Bombenhagel. Nur die Modernisierungswut der Saarbrücker überstanden sie nicht – zumindest nicht am Giebel. Doch das Dreiergespann hielt fest zusammen: Die Abrissbirne konnte sie nicht auseinanderbringen. Dies vor allem, weil Saarbrücker wie Ulrike Donié da waren und sie liebevoll schützten, indem sie sich dafür einsetzten, dass die Zierelemente des Hauses erhalten blieben.
Sie halten zusammen. Nur den Standort haben sie gewechselt. Saarbrücken ist umgezogen.

Eva-Maria Bast

So geht's zum Relief:

Es steht vor dem Stadtarchiv, Deutschherrnstraße 1.

Stefan Weszkalnys steht zwischen den kreisförmig angeordneten Bruchstücken auf dem Trümmerhügel.

08

Steinkreis

Gebaut, geliebt, gesprengt

Es ist am Nachmittag des 10. September 1939 um 15:30 Uhr, als ein dumpfer Knall nahe der Stadt erklingt. Über dem Winterberg steigen Staubwolken in die Luft – und lassen, nachdem sie sich verzogen haben, nichts als die Frage zurück, was mit dem Saarbrücker Wahrzeichen geschehen ist, das sich bis dahin auf der bewaldeten Anhöhe befunden hatte. Was war hier passiert?

Peter Stefan Weszkalnys, Historiker und ehemaliger Beamter im Kultusministerium, in Saarbrücken besser unter seinem Rufnamen Stefan bekannt, weiß, wo sich darauf eine Antwort finden lässt: am Ort des Geschehens selbst. Auf dem Winterberg befinden sich östlich des Klinikums, das 1966 auf dem Plateau erbaut wurde, immer noch Spuren des historischen Ereignisses. Mitten zwischen den Bäumen führt eine Treppe auf einen kleinen Hügel mit einer Art Lichtung hinauf,

auf der rund um ein kreisförmiges steinernes Fundament bemooste Steinblöcke unterschiedlicher Form und Größe angeordnet sind. Ein wenig erinnert das Arrangement an die Steinkreise auf den Britischen Inseln, einen Zusammenhang kann Stefan Weszkalnys jedoch ausschließen: „Hier stand von 1874 bis 1939 das Winterbergdenkmal."

Vier Jahre vor seiner Einweihung wurde 1870 der Ruf nach einem Denkmal laut, das, wie der Heimatforscher Albert Ruppersberg in seiner *Saarbrücker Kriegschronik* schildert, „an weithin sichtbarer Stelle errichtet, an die großen Ereignisse des Jahres 1870 erinnern sollte". Sprich: die deutsch-französischen Kämpfe um Saarbrücken und insbesondere die Schlacht bei Spichern, die sich am 6. August 1870 zugetragen hatte. Dank großzügiger Spenden seitens der Bürgerschaft konnte das Vorhaben finanziert werden, und sogar Kaiser Wilhelm I. (1797-1888) unterstützte das Bauprojekt mit 2.000 Talern aus eigener Tasche.

Ab 1872 errichtet, wurde das Monument am 9. August 1874 eröffnet und feierlich eingeweiht. „Heute bezeichnen wir ja alles Mögliche als eingeweiht", bemängelt Stefan Weszkalnys den inflationären Gebrauch dieses Wortes, „aber im eigentlichen Sinne verlangt dies einen geistlichen Segen. Das war damals gang und gäbe." Denn die Kirche sei im-mer um ein gutes Verhältnis zur Regierung bemüht gewesen. „Vor allem in Preußen, wo der Staat, der König und die Kirche eins waren. Bei den Protestanten war ja der weltliche Herrscher auch gleichzeitig die Spitzenfigur in der Kirche", fügt er erklärend hinzu.

„Das Denkmal selbst bestand aus einem offenen zehnseitigen Säulengang, aus dessen Mitte ein Turm von etwa 30 Metern Höhe aufragte, der oben spitz zulief und dadurch von der Form her einer Granate ähnelte."

Die *Saarbrücker Zeitung* bescheinigte dem Bauwerk den herausragenden Status als „erstes deutsches Nationaldenkmal". Den Entwurf dafür hatte Regierungsrat Otto Lieber (1827-1897) geliefert, der ab 1869 als Bauinspektor in Saarbrücken tätig war, bevor er 1873 in seine Geburtsstadt Düsseldorf zurückkehrte.

Doch wie sah das Denkmal eigentlich aus? „Das Denkmal selbst bestand aus einem offenen zehnseitigen Säulengang, aus dessen Mitte ein Turm von etwa 30 Metern Höhe aufragte, der oben spitz zulief und dadurch von der Form her einer Granate ähnelte“, veranschaulicht der Stadtkenner. Was die Halle angeht, orientierte sich Otto Lieber bei seiner Planung wohl an einem anderen Denkmal, dem sogenannten Königsstuhl von Rhens im Rheinland.

„Unten gab es einen Eingang in den Treppenturm, der zunächst auf eine Aussichtsterrasse führte. Und wer dann noch höher klettern wollte, gelangte auf einen weiteren Aussichtskranz.“

„Unten gab es einen Eingang in den Treppenturm, der zunächst auf eine Aussichtsterrasse führte. Und wer dann noch höher klettern wollte, gelangte auf einen weiteren Aussichtskranz.“ Ein Steinhelm mit Zinnenkranz bildete den oberen Abschluss.

Auf halber Höhe führte ein steinernes Reliefband um den Turm herum, auf dem alle deutschen Regimenter aufgeführt waren, die 1870 an den Juli- und Augustkämpfen bei Saarbrücken teilgenommen hatten. Darüber prangten zwei Tafeln: Die eine, der Stadt zugewandt, zeigte den preußischen Adler mit dem Hohenzollern-Wappen. Auf der gegenüberliegenden Tafel in Richtung Frankreich und Spicherer Höhen war die Inschrift *Deutschlands Helden 1870-71* zu lesen.

Auf den künstlich errichteten Erdhügel, der dem Winterbergdenkmal als Podest diente, führte eine Freitreppe, wie sie heute in rekonstruierter Form noch vorhanden ist. „Es gab vorne eine große und hinten eine kleine“, präzisiert Stefan Weszkalnys. „Der Sockel ist, wenn Sie so wollen, historisch aufgeschüttet“, fügt er hinzu. „Sie müssen sich die Bäume allerdings alle wegdenken. Der Turm ist damals auf einer völlig freien Wiese errichtet worden. Hier wuchs nur Kraut und Ginster.“ Somit konnte man auch aus den gotischen Spitzbögen des ebenerdigen offenen Säulengangs hinaus in die Gegend schauen. Die Bäume seien erst später nach und nach angepflanzt worden, so der Historiker.

Das Bauwerk entwickelte sich schnell zu einem beliebten Ausflugsziel in der Region – und zum Wahrzeichen Saarbrückens, das unter anderem auf Postkarten und Souvenirartikeln sowie in Briefköpfen und Vereinsemblemen Verwendung fand. Seine Popularität „stieg von Jahr zu Jahr, auch über die Jahrzehnte hin, ja fast proportional zu dem Maße, in dem sich die Erinnerung an die Kriegstage von 1870 verringerte", wie der Architekt Dieter Heinz in einem Artikel über das Denkmal schreibt. Schon 1910 waren die 105 Treppenstufen im Inneren des Turms so ausgetreten, dass Reparaturarbeiten vorgenommen werden mussten. Erst im Zuge des Ersten Weltkrieges erhielt das Denkmal auch in politischer Hinsicht wieder verstärkt Aufmerksamkeit, war es doch als Symbol des Sieges über den „Erbfeind" Frankreich errichtet worden. Besonders ideologisch vereinnahmt wurde es als solches während der 15 Jahre, in denen das Saar- vom Reichsgebiet aufgrund der Bestimmungen des Versailler Vertrages von 1919 abgetrennt war.

Nachdem das Saargebiet 1935 infolge einer Volksabstimmung zum Deutschen Reich zurückgekehrt war, begann wenige Jahre später der Zweite Weltkrieg. „Im September 1939 wurde die Bevölkerung schlagartig aufgefordert, sich Richtung Kassel zu begeben. Nordhessen und Westthüringen waren das Rückzugsgebiet für die Saarländer", schildert Stefan Weszkalnys den schon vorbereiteten Evakuierungsplan. Kurz nach Kriegsausbruch schließlich, am Nachmittag des 10. September, lag das Winterbergdenkmal plötzlich in Schutt und Staub. „Ironischerweise waren es nicht einmal die Franzosen, die den Turm aus Rache oder anderen Motiven zerstörten, sondern die Wehrmacht", berichtet der Historiker über das Ende des Bauwerks. Grund dafür war die Annahme, dass die französischen Angreifer in der Lage gewesen wären, anhand des Turms ihre Artille-

Auch die Steinblöcke auf der Wiese gegenüber dem Trümmerhügel waren einst Bestandteil des Denkmals.

rie beim Beschuss auf Saarbrücken einmessen zu können. „Das war wie ein trigonometrischer Punkt in der Landschaft, an dem sie sich orientieren konnten", erläutert der Stadtkenner, „daher wurde der Turm vorsorglich gesprengt."

Das war jedoch zumindest nicht die ganze Wahrheit. Stefan Weszkalnys bringt in einem Kalenderbeitrag aus dem Jahr 1983 die Hintergründe ans Licht: „Aus erhaltenen Plänen und der Tatsache, daß der viel höhere Schwarzenbergturm nicht gesprengt wurde, darf man die Erkenntnis ableiten, daß das Denkmal [...] nationalsozialistischen Absichten im Wege stand, die das Plateau des Winterbergs mit mächtigen Repräsentationsbauten krönen wollten und für das Wilhelminische Denkmal und seine Zeit nur Ignoranz und Geringschätzung übrig hatten."

„Ironischerweise waren es nicht einmal die Franzosen, die den Turm aus Rache oder anderen Motiven zerstörten, sondern die Wehrmacht."

Nach Kriegsende gab es mehrfach Initiativen, die sich da-für einsetzten, das Denkmal wieder zu errichten, diesmal „in einem neuen völkerverbindenden Geiste". Unter dem Titel „Wiederaufbau Winterbergdenkmal Saarbrücken" brachte die *Saar-Post* 1956 eine Sonderbriefmarkenserie heraus, mit deren Erlös das Projekt realisiert werden sollte. Am Ende desselben Jahres übertrug sie die Summe von 95.000 D-Mark in die treuhänderischen Hände der Stadt, die damit jedoch nicht optimal umging. „Die Stadt hat dieses Geld genommen und als zinslosen Kredit in ihren Büchern geführt, hat also das Kapital genutzt, aber nichts dafür gegeben", führt Weszkalnys aus.

1975 kam es durch eine Bürgerbewegung erneut zu einem Spendenaufruf mit dem Ziel, das Denkmal wiederaufzubauen. „Aber Oskar Lafontaine, der 1975 Oberbürgermeister wurde, hat sich vehement gegen diese Idee und die Zurverfügungstellung öffentlicher Mittel gesträubt. Verständlich, denn die Stadt war immer relativ arm", weiß Stefan Weszkalnys. Der Protest der anderen Parteien – die SPD stand hinter Lafontaine – habe dazu geführt, dass auf Druck der Öffentlichkeit und der Presse das 1956 erhaltene Geld freigegeben wurde, von dem daraufhin der Trümmerhügel Ende der 1970er-Jahre saniert wurde. „Der beauftragte Steinmetzbetrieb musste ihn mit einem Kran erst einmal freilegen. Dort hatte sich ja seit der Sprengung Erde und Laub aus mehreren Jahrzehnten angehäuft“, fährt er in der Erzählung fort. „Dabei hat man festgestellt, dass sich darunter ein Gewölbe befindet, das zur Aufbewahrung für die Gerätschaften der städtischen Forstarbeiter diente und das auch weiterhin als solches genutzt werden sollte.“

Heute lässt sich das Winterbergdenkmal insofern noch in seinem ursprünglichen Zustand nachvollziehen, als die im Kreis angeordneten Steine die Ausmaße anzeigen. „Das sind die echten Basissteine. Sie markieren die Ansätze der einstigen Hallenbögen“, erläutert Weszkalnys. „Die runde steinerne Fläche im Inneren war der Durchmesser des Turms.“

Ein paar Meter vom Standort der Gedenkstätte entfernt liegen unter einer Baumgruppe viele weitere bemooste Steinblöcke auf einem Haufen. „Das sind Sandsteinblöcke, die man nicht mehr in eine neue Funktion bringen konnte, weil kein Geld mehr vorhanden war“, kommentiert der Saarbrücker und befindet: „Sie bilden eigentlich ein Mahnmal für sich. So vergänglich ist alles.“ Insofern stellt der Besuch des Winterbergdenkmals auch nach seiner Zerstörung noch einen Akt der Erinnerungskultur dar. Heute wird dort nicht mehr nur der deutschen Opfer von 1870/71 gedacht, sondern aller, die im Krieg ihr Leben ließen.

Elena de F. Oliveira

So geht’s zum Steinkreis:

Die steinernen Überreste befinden sich auf dem Winterberg. Von der Theodor-Heuss-Straße aus Richtung Klinikum kommend, dem Weg geradeaus in Richtung Wald folgen. Der Erdhügel mit dem Steinkreis liegt links zwischen den Bäumen.

Marcel Wainstock weiß um den Ärger, den diese Statue einst verursacht hat.

09

Telemach

Zu viel Erotik für den Rathausplatz

Heute würde keiner mehr pikiert die Braue heben angesichts der weißen Marmorstatue, die am Fuße der Trillertreppe in der mittleren der fünf Nischen steht. „Anfang des letzten Jahrhunderts gab es aber ordentlich Verärgerung deswegen", berichtet der Wahl-Saarbrücker und ehemalige Geschäftsführer der Synagogengemeinde Saar, Marcel Wainstock. Aber was stimmt denn nun mit dem Kunstwerk nicht, dass es derart für Aufruhr sorgte? „Die Statue stellt den Telemach dar, der sich ein Schwert umgürtet", veranschaulicht Wainstock das dargestellte antike Motiv. So weit, so spannend. Aber wirklich gemütserhitzend ist das noch nicht. Doch jetzt kommt's: „Bis auf einen Helm ist Telemach splitterfasernackt", schließt er die Beschreibung des altgriechischen Helden. Das konnte zum Problem werden, vor allem im prüden Preußen von 1902.

Zumal er früher noch viel mehr Menschen mit seiner Nacktheit empören konnte. Da stand er nämlich nicht an seinem heutigen Platz, etwas abseits vom Trubel, sondern zierte einen Brunnen auf dem Rathausplatz. Für diesen war er allerdings ursprünglich gar nicht vorgesehen gewesen: Der Künstler und Bildhauer Ludwig Cauer (1866-1947) hatte den Jüngling zunächst ohne direkten Auftrag bereits 1890 geschaffen. Dann kam Emil Haldy (1826-1901) ins Spiel, ein wohlhabender Industrieller, Kaufmann, Bankier und früherer städtischer Beigeordneter. Er stiftete seiner Stadt für den Vorplatz des Ende Juni 1900 fertiggestellten neuen Rathauses einen Brunnen genau den, auf dem Telemach landete –, der Stifter verstarb aber noch vor der Fertigstellung. Das Geschenk des Ehrenbürgers wurde erst 1902 vollendet, und der Bürgermeister Saarbrückens, Paul Neff (1853-1934), der nun für die Fertigstellung des Brunnens zuständig war, wählte den Telemach von Cauer als Krönung des Brunnens aus. Dort stand er dann also hoch oben, in luftiger Höhe und völliger Nacktheit, lediglich angetan mit einem Schwert und einem hellenischen Phalanx-Helm.

„Telemach, auch Telemachos, ist der Sohn des Odysseus und der Penelope. Er ist noch ein Kind, als sein Vater aufbricht, um mit den Griechen gemeinsam Troja zu zerstören und die schöne Helena für Menelaos zurückzugewinnen", erzählt Wainstock den Beginn der Sage. Odysseus verirrt sich nach der Zerstörung Trojas auf dem Mittelmeer. Während dieser Zeit wird der junge Telemach von seinem Lehrer Mentor erzogen, entgeht einem Mordanschlag der Freier seiner Mutter und entdeckt schließlich seinen als Bettler verkleideten Vater beim Schweinehirten Eumaios. Schließlich ermutigt er Odysseus, der zunächst zögert, zum Kampf und hilft ihm, die Freier, die Penelope bedrängen, zu töten.

„Helfender Sohn und griechischer Sagenheld hin oder her, den um Sittlichkeit bemühten Bürgern Saarbrückens war er ein Dorn im Auge", beschreibt Wainstock die Reaktion der Bürger bei der Errichtung des Brunnens. Kaum wachte der Sohn des Odysseus vor dem Rathaus, gab es laute Proteste. Die *St. Johann-Saarbrücker Volkszeitung* berichtete am Folgetag der Enthüllung am 4. Juni 1902, dass die Statue in „alle[n]

Schichten der Bevölkerung sehr mißbilligend besprochen" wurde und man sich auch um die Kinder sorgte: „Anrathen möchten wir jedoch allen Eltern, dafür Sorge zu tragen, daß ihre Kinder möglichst von jetzt ab dem Rathhausplatze ferne bleiben, bis dieses moderne Kunstwerk in dieser Darstellung wieder von der Bildfläche verschwunden ist." Dass an so prominenter Stelle ein derart anzüglicher Jüngling stehen muss, war für die Saarbrücker unverständlich.
Tags darauf spottete die Zeitung wieder. Mit spitzer Zunge kom- mentierte sie die sonst so strengen Vorschriften der Stadtverwaltung: „Die Behörde macht sehr richtig mit Strenge darauf aufmerksam, daß die in der Saar Badenden mit Badehosen bekleidet sein müssen und hier wird auf offenem Markte, unmittelbar von dem Rathhause und in allernächster Nähe der Johanniskirche ein Kerl in adamitischem Kostüm aufgestellt, der außer einem Helm keine Spur von Kleidungsstücken aufweist." Es bleibe also nichts anderes übrig, als der „abscheulichen Figur eine Badehose anzuziehen, bis sie von ihrem Standorte entfernt wird".

„Helfender Sohn und griechischer Sagenheld hin oder her, den um Sittlichkeit bemühten Bürgern Saarbrückens war er ein Dorn im Auge."

Dem Klerus gefiel dieser heidnische Blankzieher ebenfalls nicht. Er verfasste ein Protestschreiben an das Königliche Landratsamt, in dem er mitteilte, die Statue verletze das christliche Sittengesetz „in allergröbster Weise". Das Dekanat sprach der Statue zwar nicht ab, dass sie künstlerisch wertvoll sei und „daß es einem gewiegten Kunstkenner gelingen kann, mit Ueberwindung des sittlichen Abscheus vor der ekelhaften Nacktheit nur die Kunst in dieser Figur zu bewundern", sah aber doch eine Gefahr in der höchst provokanten Zurschaustellung von Nacktheit an so prominenter Stelle. „Ein[en] von der Obrigkeit öffentlich ausgestellten Freibrief für alle unsittlichen Schaustellungen" stelle der Unbekleidete für alle Männer dar. Frauen und Jungfrauen müssten mit Schamesröte im Gesicht daran vorbeilaufen und die „unflätigen Bemerkungen schamloser Männer" aushalten. Auch war die Kirche um das Heil der Kinder besorgt, sah in der Statue sogar den „Mord ihrer Unschuld" und bat, dass „die wie zur Verächtlichmachung des Gebotes Gottes auf öffentlichem Platze aufgestellte Figur von dieser Stelle entfernt werde". Als dann noch 414 um die Sittsamkeit besorgte Frauen eine Petition zur Entfernung des Telemach vom Rathausbrunnen unterzeichneten, musste der Stadtrat eine Sondersitzung einberufen. „Dem Bürgermeister gelang es aber letztendlich, eine Mehrheit für den Erhalt der Statue an dieser Stelle zu erlangen", schließt Marcel Wainstock dieses Kapitel der Geschichte der Statue.

Trotz Protest blieb dieser Stein des Anstoßes also, wo er war. Zumindest so lange, bis die Nationalsozialisten an die Macht kamen. Sie ließen den Brunnen samt dem unsittlichen Griechen 1936 abreißen, offiziell aufgrund begrenzter Platzverhältnisse für ihre Aufmärsche vor dem Rathaus. Doch vermutlich war ihnen die Statue zum einen nicht bieder und zum anderen nicht deutsch genug. Sie motteten sie im St. Johanner Rathauskeller ein. Direkt nach dem Krieg wollte sie niemand aufstellen, war doch die politische Situation, die französische Besetzung des Saarlandes, aufgrund der Deutungsmöglichkeiten zu heikel. In den 1960er-Jahren entspannte sich die Lage, der Telemach kam in den Stadtgarten. Dort war er allerdings unbeaufsichtigt, die sich hier sammelnde Alkohol- und Drogenszene spielte der Statue übel mit, er verlor Männlichkeit, einen Unterschenkel, gar den Kopf.

Jetzt steht er friedlich in der Nische an der Suppengassentreppe, niemand nimmt mehr Anstoß an ihm. Und selbst wenn er noch komplett wäre – heute würde sich vermutlich kaum ein Passant an seiner Blöße stören.

Mike Durlacher

So geht's zum Telemach:

Die Telemach-Statue steht am Fuße der Trillertreppe an der Kreuzung Vorstadtstraße / Eisenbahnstraße.

Im Stiftswald St. Arnual können Spaziergänger und Wanderer neben dem Keltenstein Rast machen.

10

Keltenstein

Einer alten Kultur auf der Spur

Die meisten Wanderer und Spaziergänger würden dem Steinblock, der neben einer Bank mitten im Stiftswald St. Arnual aus dem Boden ragt, wohl zunächst keinen zweiten Blick schenken. Wenn da nicht die goldfarbene Metallplakette wäre, der zu entnehmen ist, dass es sich um den sogenannten Keltenstein handelt. Außerdem steht darauf geschrieben: *Nordwall der Keltischen Fliehburg im Stiftswald St. Arnual.* Das Problem ist nur: Rund um den Stein erhebt sich nirgends ein solcher Wall – geschweige denn eine Burg.

„Man sieht noch einige Gräben und Wallstrukturen im Unterholz, von denen gesagt wird, dass sie von dieser Fliehburg stammen, die auf 800 bis 500 vor Christus datiert werden kann", berichtet Kirstin Vorbeck. Die Diplom-Geografin ist europaweit als Studienreiseleiterin tätig und hat sich umfassend mit den Kelten beschäftigt. Eigentlich müsste man sagen: mit der keltischen Kultur. Mit den Begrifflichkeiten ist das nämlich so eine Sache, wie die Expertin gleich richtigstellt: „*Die Kelten* als einen Volksstamm gab es nicht. Das waren viele verschiedene Stämme, die im 1. Jahrtausend vor Christus in Europa siedelten. Die aber, weil sie zur selben Zeit und unter ähnlichen Bedingungen lebten, eine vergleichbare Kultur ausbildeten." Bekannt sind die Kelten auch als Gallier, allen voran Asterix und Obelix. „Lateinisch *celte* oder *galli* bedeutet *die Tapferen* oder *die Edlen*", erklärt Vorbeck.

Was heute über die Kelten bekannt ist, wurde hauptsächlich von römischen Geschichtsschreibern überliefert. „Aufgrund der römischen Aufzeichnungen weiß man auch, welche Stämme wo gelebt haben", sagt Kirstin Vorbeck. „Hier im Gebiet von Saarbrücken waren es die Mediomatriker." Aus Grabbeigaben, wie zum Beispiel Schmuck oder Trinkgefäßen aus Hügelgräbern, lassen sich Rückschlüsse auf die keltische Kultur ziehen. „Aber das Problem ist grundsätzlich, dass sie nicht solche Spuren hinterlassen haben, wie wir sie von den Ägyptern, Griechen oder Römern kennen", erläutert die Geografin. „Sie haben keine monumentalen Gebäude oder Städte wie die Pyramiden oder Rom errichtet und keine entsprechenden Staaten gebildet. Zudem hatten sie keine eigene Schrift, haben also auch nichts von ihrem Wissen aufgeschrieben."

Kirstin Vorbeck hat sich eingehend mit der keltischen Kultur beschäftigt.

Ihre Siedlungsorte, sogenannte Oppida, legten die keltischen Stämme bevorzugt auf erhöhte Plätze, wie zum Beispiel auf Felsplateaus oder oberhalb von Flusstälern. „Dadurch waren ihre Rückzugsorte einfach zu verteidigen, denn sie waren nur dort angreifbar, wo das Plateau ins Landesinnere überging", führt Kirstin Vorbeck aus. Auch der Sonnenberg neben der Saar bot für die Fliehburg eine solche Lage. Mit dem Bild einer mittelalterlichen Burg hatte diese aber recht wenig gemeinsam: Zur Felskante hin, die gute 100 Meter über der Saar in die Höhe ragte und einen natürlichen Schutz darstellte, befand sich die keltische Siedlung, die von einem Hauptwall umgeben war. Auf diesen folgte der Vorplatz mit

Weiden und Feldern, die abschließend wiederum von einem Vorwall geschützt wurden.

„Es ist allerdings kaum bekannt, dass es hier diese Fliehburg gab, weil eben nichts mehr davon übrig ist", stellt die Geschichtskennerin fest. „Außer den Wällen war da nichts, was verfallen konnte." Der Hauptwall auf dem Sonnenberg war schätzungsweise etwa 500 Meter lang, rund fünf Meter breit und an die sieben Meter hoch. „Wenn die Kelten eine solche Mauer bauten, oft noch in Verbindung mit einem Graben davor, errichteten sie ein Gerüst aus Holzpfählen, das sie innen mit Steinen auffüllten", fährt sie fort. „Die Holzpfähle sind natürlich nach 2.000 Jahren längst nicht mehr da, und ohne das Gerüst sind die Steine in sich zusammengefallen und bilden eine Wallstruktur."

„Man geht davon aus, dass die keltische Kultur und damit auch die Fliehburg bis ins 1. Jahrhundert vor Christus bestand."

Der Keltenstein ist kein Bestandteil einer solchen Wallstruktur, er bekam 1988 seinen Platz und erinnert seither an die Ursprünge der Saarbrücker Siedlungsgeschichte. „Man geht davon aus, dass die keltische Kultur und damit auch die Fliehburg bis ins 1. Jahrhundert vor Christus bestand", erzählt Kirstin Vorbeck.
Obwohl die Historiker die Quellen über die Kelten im Wesentlichen den römischen Geschichtsschreibern zu verdanken haben, war es deren Kultur, die den Untergang der keltischen herbeiführte. Da die Römer immer weiter nach Norden vordrangen, mussten die Volksstämme weichen. Außer vielleicht ein kleines gallisches Dorf in Frankreich.

Elena de F. Oliveira

So geht's zum Keltenstein:

Er befindet sich an der Kreuzung von Saarwanderweg und Höhenweg im Stiftswald St. Arnual auf dem Sonnenberg.

11

Männerkopf

Der geizige Bäcker und was dahintersteckt

Wenn man ihn zum ersten Mal sieht, kann man sich nicht entscheiden: Hat er das Gesicht vor Schmerz verzogen, ruft er den Passanten etwas zu oder soll er Ihnen gar Angst einflößen? „Vor allem solle er furchterregend sein", findet Karl-Ernst Kugler und schaut zu dem Steinernen hinauf, der von der Schlossmauer auf die Vorübergehenden herabblickt. „Das ist unser geiziger Bäcker. Die Legende, die dahintersteckt, spielt zur Zeit des Fürsten Ludwig von Nassau-Saarbrücken – und soll sich am Weihnachtsabend des Jahres 1788 zugetragen haben."

Was es mit dem Kopf wirklich auf sich hat, ist weitgehend unbekannt. Die Legende aber ist schnell erzählt: Der Bäcker, er hieß Heed oder Heid, wohnte oberhalb der Schlosskirche und war bekannt dafür, guten Kuchen und leckeres Brot zu backen. „Er war rechtschaffen, aber er war auch unheimlich knauserig", erzählt Kugler. Sooft hungernde Bettler den Bäcker um eine milde Gabe baten – nicht mal einen Krümel rückte er heraus. So auch am Weihnachtsabend 1788. „Es war bitterkalt, auf der Saar schwammen Eisschollen. Da kam eine Frau aus der Bäckerei, das Gesicht mit einem dunklen Tuch verhüllt, und weinte. Bäcker Heid hatte ihr ein Brot auf Pump verweigert und nachgerufen: ‚Ich habe mein Mehl nicht gestohlen, um die Ware an Lumpenzeug zu verschenken!'", erzählt Kugler. Der Verzweifelten sei aber geholfen worden, denn Fürstin Katharina von Nassau-Saarbrücken (1757-1829), hatte die Szene beobachtet und nahm sich ihr an. „Die arme Frau erzählte, dass sie zwei Kinder zu Hause habe, die nichts zu essen hätten. Ihr Mann sitze im Gefängnisturm wegen Holzdiebstahl, den er aber nur begangen habe, um die Kinder vor dem Erfrieren zu bewahren. Die Fürstin gab ihr Geld und sorgte auch dafür, dass der Mann aus dem Gefängnis freikam", erzählt Kugler. Und ihr Gatte bestrafte den Bäcker für seinen Geiz: Er musste einem Bildhauer Modell sitzen, dann wurde sein steinernes Konterfei oberhalb der

Der Mann an der Mauer starrt. Karl-Ernst Kugler starrt zurück.

Alten Brücke angebracht: Durch seinen Mund floss das Schmutzwasser, das sich auf der Brücke gesammelt hatte, in die Saar. „Dort hing er dann 170 Jahre lang, bis 1962 die Stadtautobahn gebaut wurde. Seither sitzt er an der Schlossmauer unweit der Schlosskirche", sagt Kugler.

Auch Dr. Eckart Sander hat sich in seiner Broschüre *Der geizige Bäcker zu Saarbrücken* mit der Geschichte beschäftigt: „Nun gibt es aber bekanntlich Leute, die weder einer Sage und schon gar nicht dem Teufel trauen. […] Zu dieser Gilde gehört der an der Kunsthochschule Saarbrücken lehrende Professor Dieter Heinz." Für ihn sei „die Sache mit dem Bäcker wirklich nur eine Sage und das abstoßende Gesicht mit den – man schaue genau hin – angespitzten Ohren nichts weiter als eine jener Teufelsmasken, wie sie mit dem Hintergrund eines Restes mittelalterlicher Geisterbeschwörung bereits an gotischen Kathedralen als Wasserspeier üblich waren". Heinz war der Ansicht, es handle sich um einen der Wasserspeier, die sich mehrfach an der Kaimauer befunden hätten. Sie seien zur Entwässerung des großen Gartens angebracht gewesen.

Fakt ist: Und als die Mauer beim Bau der Autobahn abgebrochen wurde, gelangte der Steinerne an seinen neuen Standort, die Schlossmauer unweit der Schlosskirche. Von dort starrt er die Passanten nun an. Mit offenem Mund. Tag für Tag.

Eva-Maria Bast

So geht's zum Männerkopf:

Er hängt an der Schlossmauer an der Außenwand der Treppenanlage, die zur Aussichtsterrasse führt.

Stefan Weszkalnys weiß: An diesem Ort ging es nicht immer friedlich zu.

12

Bunker

Spuren der Vergangenheit

Von seiner dunkelgrünen Farbe einmal abgesehen, mag der Bunker nicht so recht in das ihn umgebende Gelände passen. Wie ein Fremdkörper steht er mitten im Deutsch-Französischen Garten (DFG). Beim Flanieren durch den Park kommen gleich mehrere dieser trutzigen Bauten in den Blick, vorausgesetzt, man erkennt sie, denn zum Teil sind die Betonmauern großflächig mit Grünzeug bewachsen. Nicht so der Bunker am südöstlichen Eingang der Anlage, dessen einstige Nutzung dem geschulten Auge nicht entgeht: „Mit seiner Schießscharte und der Kanonenöffnung ist er noch eindeutig als Kampfbunker zu erkennen", stellt Stefan Weszkalnys fest.

Das frühere langjährige Stadtratsmitglied weiß auch, weshalb die im DFG erkennbaren Bunker entstanden. „Im Vorfeld des Zweiten Weltkriegs wurde ab 1938 der sogenannte Westwall errichtet, der sich über die gesamte westliche Grenze des Deutschen Reichs von Aachen bis Lörrach erstreckte", erklärt der Stadtkenner. Blut war auf dem Gelände jedoch schon einige Jahrzehnte zuvor in der Schlacht um die Spicherer Höhen vergossen worden, in der sich am 6. August 1870 deutsche und französische Truppen bekämpften. Bereits ein Jahr später, nach der Neugründung des Deutschen Reichs, wurde dieser Teil des Kriegsschauplatzes im Mocken- und Deutschmühlental zum Naherholungsgebiet umgestaltet und trug um 1900 den Namen „Kaiser-Wilhelm-Park". In Sichtweite des markanten Bunkers hält der „Ehrenfriedhof" im „Ehrental" das Gedenken an die Opfer der Schlacht wach.

Während das Gelände im *Ersten* Weltkrieg keine Rolle spielte, sollte der *nächste* umso mehr Veränderungen mit sich bringen. „In Erwartung des Zweiten Weltkriegs begann 1936 die Planung und ab 1938 die bauliche Ausführung des Westwalls", berichtet Stefan Weszkalnys. „Hitler beabsichtigte die Erweiterung Deutschlands nach Osten. Daher musste unbedingt verhindert werden, dass Engländer und Franzosen ihrem vertraglichen Bündnispartner Polen zu Hilfe kommen konnten."

Im Saarland wurden die Vorsichtsmaßnahmen besonders gründlich umgesetzt: Von allen Befestigungswerken auf den insgesamt mehr als 630 Kilometern Westwall befand sich allein ein Viertel im saarländischen Bauabschnitt. „Rund 4.100 Bunker, 340 Minenfelder, 100 Kilometer Panzergräben und 60 Kilometer Höckerlinien", zählt Gerhild Krebs in einem Beitrag über *Die Befestigungsanlagen des Westwalls im Saarland* auf. Im Stadtgebiet Saarbrückens belief sich die Zahl der Bunker auf rund 200, von denen sich zahlreiche auch durch das Tal des DFG zogen, zudem Panzersperren und eine insgesamt etwa vier Kilometer lange Höckerlinie, bestehend aus vom Boden aufragenden Betonhöckern.

Bis zum Kriegsausbruch konnte der Westwall zwar nicht vollständig, aber zumindest im Wesentlichen fertiggestellt werden. „Am Ende war er aber nicht mehr richtig verteidigungsfähig, weil die Waffen der Bunker in den Atlantikwall, also von der französischen Kanalküste bis an die spanische Grenze, verlagert wurden, um eine alliierte Invasion zu verhindern", erzählt Stefan Weszkalnys. „Und als die Alliierten dann 1944 hierherkamen, konnten die Bunker nur mit Waffen bestückt werden, die die zurückweichenden deutschen Truppen mitgebracht haben. Dadurch waren die Bunker kaum noch die Hälfte wert." Einfach einzunehmen waren die Bollwerke trotzdem nicht. „Was ihnen den Garaus gemacht hat, waren am Ende Flammenwerfer oder Soldaten, die geballte Ladungen, also mehrere Handgranaten aneinander, durch irgendeine Öffnung hineinschmissen."

Noch heute zeugen einige Bunker von den kriegerischen Ereignissen. Im Gegensatz zur Höckerlinie, denn als der DFG 1960 eröffnet wurde, war von dieser schon nichts mehr zu sehen. „Im Vorfeld war die Idee entwickelt worden, hier eine Bundesgartenschau zu veranstalten und gleichzeitig einen großen Park für die Bürger anzulegen", fügt Weszkalnys hinzu. Damit knüpften die Verantwortlichen an die Nutzung des Areals nach 1871 an, nur dass die Anlage nun nicht mehr an den Sieg über Frankreich erinnerte, sondern fortan ein Symbol der Völkerverständigung und Versöhnung darstellte. Im Zuge der Neugestaltung wurde die Höckerlinie ausgeräumt. An ihrer Stelle verläuft nun der blumengesäumte Hauptweg durch den Park.

Die ehemals wehrhaften, nach 1945 großenteils gesprengten Bunker wurden etwas verschönert und mit Erde angeschüttet oder mit vorgesetzten Gartenwirtschaften getarnt, um sie in die Gartenanlage zu integrieren. Über ihren ursprünglich militärischen Nutzen können sie aber nicht hinwegtäuschen. Und so tragen sie dazu bei, dass der DFG sowohl ein Ort grenzübergreifender Freundschaft als auch der Erinnerung ist.

Elena de F. Oliveira

So geht's zum Bunker:

Vom Parkplatz in der Metzer Straße aus befindet er sich wenige Meter links des Weges, der in den Deutsch-Französischen Garten hineinführt.

0.3
2.4
H.H.W. 30.12.1947
H.H.W. 1824

13

Hochwassermarke

Große Not in Nachkriegsdeutschland

So klein, so schmal, so oft übersehen und doch so bedeutsam: *H.H.W. 30.12.1947* steht an einer Hauswand nahe dem St. Johanner Markt geschrieben. Darunter ein schmaler Strich. Karl Ernst Kugler weiß, was es damit auf sich hat: „Das ist eine Hochwassermarke, die an das Hochwasser von ebenjenem Datum erinnert." Der Pegelstand, gemessen am Pegel St. Arnual, betrug damals 10,62 Meter. Was den Saarbrücker daran besonders fasziniert, ist, was für eine riesige Geschichte hinter diesem so kleinen Relikt steckt: „Da geht es ja nicht nur drum, dass es ein bisschen geregnet hat. Da geht es um enormes Leid", macht er deutlich. Dieses Leid beginnt aber nicht mit dem Hochwasser, es gipfelt höchstens darin. Und das nicht nur in Saarbrücken: In zahlreichen Städten kommt es Ende Dezember 1947 zu verheerenden Hochwasserkatastrophen, zum Beispiel in Köln, in Würzburg, in Heidelberg und in Calw.

Diese Hochwasser treffen Nachkriegsdeutschland hart, leiden die Menschen doch ohnehin schon bittere Not und müssen jetzt auch noch die Schäden, die das Hochwasser angerichtet hat, beseitigen. Häuser sind überflutet, Keller stehen unter Wasser. Vieles von dem, was die Saarbrücker haben, ist nun kaputt. Und das ist ohnehin schon wenig genug in dieser kriegsgebeutelten Stadt und im ganzen unter Besatzungsherrschaft stehenden Deutschland. Das *Westdeutsche Tageblatt* schreibt am 30. Dezember 1947 – dem Tag, an dem sich das Hochwasser in Saarbrücken ereignet – über die Situation in Deutschland: „Betriebsschließungen wegen Kohlemangel, Viehabschlachtungen aus Nahrungsmangel für Mensch und Tier, Überfälle auf Kohlezüge und latente Ernährungskrise, [...] Demontage und Reparationen, dazu Kälte und Dürre – kurz: ein immer schärferer Kampf um das nackte Überleben, das war das Jahr 1947."

Unglaublich, findet Karl Ernst Kugler: So hoch stand das Wasser im Dezember 1947.

Die Menschen, sagt Kugler, hätten schrecklich Hunger gelitten. Statt der angedachten 2.000 Kalorien pro Tag und Person wurden nur 800 bis 1.000 erreicht. Der WDR berichtet: „Die Ursachen des Mangels sind vielschichtig: Durch die hohe Zahl der Kriegstoten fehlen Arbeitskräfte in der Landwirtschaft. Gleichzeitig suchen rund 10 Millionen Flüchtlinge und Vertriebe in den vier Besatzungszonen Zuflucht. In den zerbombten Städten gibt es aber nur wenig Wohnraum. Etwa 20 Millionen Menschen leben in Ruinen. Zudem funktioniert die Verteilung der wenigen vorhandenen Waren schlecht.“

Und dann spielt eben auch noch das Wetter verrückt: Der Winter 1946/47, also ein Jahr bevor sich das Hochwasser ereignet, ist bitterkalt, minus 20 Grad! Hunderttausende erfrieren oder verhungern. 60 Kilometer Rhein frieren zu, ebenso die Elbe. Damit liegt die Binnenschifffahrt buchstäblich auf Eis, lebenswichtige Güter können nun nicht an ihren Bestimmungsort gebracht werden. Dieser Winter wird als „Weißer Tod“ in die Geschichte eingehen, in dem die Bevölkerung „schwarzen Hunger“ leidet.

Der Strich und die Inschrift erinnern an ein tragisches Ereignis.

So kalt der Winter war, so heiß wird der Sommer. Es fällt kaum Regen, auf den Feldern verdorrt die Ernte, was erneut zu Hungersnöten führt. Etwa 80 Prozent der Bevölkerung sind in jenem Sommer unterernährt. Und wieder kommt der Winter. Zwar ist der nicht mehr so bitterkalt wie der vorige, dafür regnet es viel, die Flüsse treten über die Ufer.

Ganz Saarbrücken steht unter Wasser. „Einen höheren Stand hat die Saar nie erreicht“, sagt Kugler, „er war mehr als neun Meter hoch.“ Der St. Johanner Markt ist vollkommen überflutet – wovon noch heute die Hochwassermarke kündet, das Saarländische Staatstheater sieht aus wie ein Wasserschloss. Der Saarbrücker Stefan Weszkalnys hat das Hochwasser als Kind erlebt. Er berichtet: „Als fünfeinhalbjähriger Bub sah ich aus der Dachluke unseres auch allseits vom Wasser umschlossenen Hauses Alleestraße 7, heute Koßmannstraße 7, auf der St. Arnualer Seite die Häuschen aus den flussaufwärts liegenden Schrebergärten vorbeitreiben, oder besser die aus dem Wasser noch herausschauenden Dächer, auf denen manchmal Hühner saßen – ohne zu bedenken, dass diese damals so kostbaren Tiere wohl alle bald ertrinken mussten. Unsere eigenen Hühner im Keller waren – nur auf eine Hobelbank gesetzt – wegen des unglaublich schnell steigenden, eiskalten Wassers nicht mehr zu bergen gewesen und auch schon tot." Auch ehemalige französische Schüler des Marschall-Ney-Gymnasiums erinnern sich: „Im Wohnhaus bei der Lagera, An der Römerbrücke 4, reichte das Wasser der Saar mehr als drei Meter über der Straße bis zum ersten Stockwerk. Die Garagen im Erdgeschoss standen bis zur Decke unter Wasser. Auch die Wohnung des Direktors im ersten Stock war einen viertel Meter hoch überschwemmt. Die Bahnhofstraße stand mindestens eine Woche lang fast einen Meter hoch unter Wasser. Mehrere Treidelschiffe hatten sich oberhalb Brebach aus ihrer Verankerung gerissen und setzten bei der Rückflut auf der Wiese des Flugplatzes St. Arnual auf. Nur mit hohem Aufwand konnten sie bei normalem Wasserstand mit mehreren Kränen wieder auf die Saar zurückgesetzt werden."

„Einen höheren Stand hat die Saar nie erreicht, er war mehr als neun Meter hoch."

Andere Boote schwammen aber mit voller Absicht durch die Stadt. Sie sollten die in den Obergeschossen ihrer Häuser eingeschlossenen Menschen versorgen. „Damals fuhren also Schiffe statt Autos durch die Straßen", sagt Kugler und schüttelt den Kopf. „Wer das Jahrhunderthochwasser von 1993 erlebt hat, kann sich vorstellen, wie sich die Menschen damals gefühlt haben müssen." Mit einem Unterschied: Die Hochwasseropfer von 1947 hatten im Gegensatz zu jenen von 1993 kaum Besitz. Sie waren bettelarm. Und hungrig obendrein. Wobei es ihnen besser ging als vielen anderen im Nachkriegsdeutschland: „Anders als im übrigen Deutschland wurden die Saarländer ab dem 20. November 1947 von der Besatzungsmacht relativ verwöhnt mit Datteln, Linsen mit Fleischzulage, mehr Brot, einigen Bananen oder Orangen", berichtet Stadtkenner Weszkalnys. „Denn die *Verfassunggebende Versammlung* hatte zuvor eine das Saarland für immer an Frankreich bindende Präambel formuliert und der flugs gewählte Landtag hatte diese Verfassung angenommen." Die Saarländerinnen und Saarländer seien nach den bescheidenen Möglichkeiten des selbst darniederliegenden Frankreich belohnt worden. Doch Frankreich hatte eben selbst nicht viel, Hunger dürften auch die Saarländer trotzdem gehabt haben. Vielleicht sangen sie ja gemeinsam mit ihren Nachbarn über die Wasserfläche hinweg das Lied, das in dieser Zeit aus so vielen deutschen Kehlen klang: *Deutschland, Deutschland ohne alles, ohne Butter, ohne Speck. Und das bißchen Marmelade, frißt uns die Besatzung weg* [...].

Eva-Maria Bast

So geht's zur Hochwassermarke:

Sie hängt unweit des St. Johanner Markts an der Ecke Fröschengasse / Saarstraße.

Angesichts dieser leckeren Früchte kann man richtig Appetit bekommen, findet Ulrike Donié.

14

Obstkörbe

Puzzlespiel mit leckeren Früchten

Es war ein riesengroßes, ziemlich aufwendiges Puzzlespiel. Aufwendig deshalb, weil die Puzzleteilchen überall verstreut lagen und von Ulrike Donié, Vorsitzende des Saarbrücker Bürgerforums, erst einmal eingesammelt werden mussten. Doch das Puzzlespiel ist vollendet und das Ergebnis heute in seiner ganzen Pracht zu sehen: in Form der beiden steinerne Obstkörbe darstellenden Halbreliefs, die von einem Steinmetz zu einer einzigen Skulptur zusammengesetzt wurden und in der Grünfläche am Wolfgang-Staudte-Platz stehen.

Das Puzzlespiel begann bei der Enthüllung des Reliefs vor dem Stadtarchiv (siehe Geheimnis 07). „Da habe ich mich gefragt, wo denn eigentlich die Obstkörbe und die Putten geblieben sind", erinnert sich Ulrike Donié. Denn das Relief gehörte früher zu der wunderschönen rückwärtigen Fassade des Modehauses Walter – zur Viktoriastraße hin gelegen. Als das Gebäude, genannt „Walters Eck", 2008 abgerissen werden sollte, setzte sich das Bürgerforum massiv für den Erhalt ein – vergebens.

Doch wenigstens das Giebelrelief konnte gerettet werden. „Und zu diesem gehörten neben dem vor dem Stadtarchiv wieder aufgestellten, drei Figuren zeigenden Relief eben auch zwei Obstkörbe und zwei Putten", erklärt Ulrike Donié. Über den Verbleib der Putten weiß sie nichts, sie sind immer noch nicht wiederaufgetaucht, und die Saarbrückerin macht sich wenig Hoffnung, sie eines Tages noch zu finden. „Aber dass es die Obstkörbe noch gibt, da war ich mir ganz und gar sicher." Denn gemeinsam mit Judith Schneider, einer Kollegin aus dem Bürgerforum, war sie quasi jeden Tag auf der Baustelle gewesen, um dem Abbruch mit blutendem Herzen beizuwohnen. „Daher wusste ich, dass man die Obstkörbe abgenommen hatte, bevor das Haus abgerissen wurde."

Zerstückelt und wieder zusammengesetzt: einer der beiden Obstkörbe.

Aber wo waren sie geblieben? „Ich habe überall gesucht, sie aber nicht gefunden", berichtet die Saarbrückerin. Doch Ulrike Donié gab nicht auf, und irgendwann hatte sie Erfolg: „In der Forstverwaltung oben im Wald lagen sie herum." Davon, dass es sich um Obstkörbe handelt, habe man allerdings wenig erkennen können: „Das war einfach ein riesengroßer Schutthaufen." Ulrike Donié kam buchstäblich in letzter Minute. „Sie haben mir gesagt, dass die Obstkörbe sonst geschreddert worden wären."

Die Vorsitzende des Bürgervereins rief eine Spendenaktion ins Leben, um die Obstkörbe zu retten, 10.000 Euro kamen zusammen. Sie fand auch einen Steinmetz, der bereit war, sich der nicht ganz einfachen Aufgabe anzunehmen. „Beim Zusammensetzen hat sich herausgestellt, dass immer noch Stücke gefehlt haben. Also bin ich noch einmal zur Forstverwaltung gefahren und habe gesucht." Ulrike Donié wurde vielfach fündig, ein Stück nach dem anderen trug sie zusammen. Aber: „Eines fehlt immer noch, es wurde nicht mehr gefunden." Ebenso wie die Putten, die nie wiederauftauchten.

Auch einen alten Fensterstein konnte Ulrike Donié retten.

Bei der Eröffnung des Wolfgang-Staudte-Platzes im April 2016 wurden die Obstkörbe dann aufgebaut – und noch ein weiteres Element des alten Jugendstil-Hauses, das Ulrike Donié gerettet hatte, fand hier eine neue Heimat: ein großer Pilaster (Fensterstein) von 1907. „Als ich sah, dass er abgerissen wird, habe ich den Baggerführer gefragt, ob er ihn uns nicht geben kann. Judith Schneider vom Saarbrücker Bürgerforum und ich haben ein großes Auto besorgt, und der Baggerführer hat den schweren Stein hineingehievt. Wir fuhren den Pilaster zu einem Steinmetz, wo er zwischengelagert wurde, bis sich die Gelegenheit ergab, ihn in einer Grünanlage unterzubringen." Ulrike Donié freut sich: „Dass der Stein dann zusammen mit den Obstkörben in Sichtweite des ehemaligen Walters Eck – an dessen Stelle ein neues Bekleidungskaufhaus gebaut wurde – seinen Platz fand, passt natürlich ganz hervorragend."

Eva-Maria Bast

So geht's zu den Obstkörben:

Sie stehen auf der Grünfläche zum Wolfgang-Staudte-Platz.

Krater

Kleine Tümpel zeugen vom Krieg

Kleine Teiche in einem Wald sind zunächst nichts Ungewöhnliches, und sie können auch alle möglichen Formen und Größen annehmen. Dass sie kreisrund sind – wie mit dem Zirkel gezogen – ist dann aber doch eher eine Seltenheit. Hier, im Wald bei Kirschheck, tritt diese Seltenheit allerdings gehäuft auf: Es gibt zahlreiche dieser kreisrunden Löcher, manchmal ausgetrocknet, manchmal randvoll mit Wasser. Dass sie hier so konzentriert zu finden sind, ist kein Zufall: „Diese Senken sind keine natürlichen Phänomene, sie sind durch menschliche Einwirkung entstanden, genau genommen durch britische und amerikanische Piloten", weiß Frank Schilling, Mitglied des Burbacher Kulturvereins. „Es handelt sich nämlich um Bombentrichter, die die Royal Airforce der Briten und die Airforce der Vereinigten Staaten von Amerika hinterlassen haben."

Die Bomben fielen während des Zweiten Weltkriegs, aber es waren nicht die ersten, die in diesem Gebiet einschlugen. Denn schon im Ersten Weltkrieg, als erstmals auch Flugzeuge als Bomber und Jäger eingesetzt wurden, gingen hier Geschosse nieder. Der erste Angriff auf die Stadt, die damals etwa 50 Kilometer hinter der Westfront lag, war am 9. August 1915. Dabei starben in Saarbrücken 13 Menschen. Die Einwohner waren zu erstaunt über und zu neugierig auf die neuen Himmelsgefährte, als dass sie rechtzeitig in Deckung gegangen wären.

Im Zweiten Weltkrieg bekam dieser Schrecken aus der Luft eine ganz andere Dimension. Beim ersten großen Luftangriff, in der Nacht vom 30. Juli 1942, ließ die Royal Airforce 78 Minuten lang und aus 246 Bombern heraus den Tod auf die Stadt regnen. Tonnenschwere sogenannte „Blockbuster", die durch ihre enorme Druckwelle ganze Wohnblöcke einebneten, Hunderte Sprengbomben und Tausende Brandbomben kosteten insgesamt 155 Menschen das Leben. Vor allem Burbach, Malstatt und St. Johann wurden schwer getroffen. Ziel der

Beinahe kreisrund ist dieser mit Wasser gefüllte Bombenkrater.

Bombardierungen war es, neben der Zerstörung kriegswichtiger Industrien die Moral der feindlichen Bevölkerung zu brechen und sie so zum Aufbegehren gegen die Regierung des Deutschen Reiches zu bewegen.
Den schwersten Angriff musste Saarbrücken 1944 ertragen: Am Abend des 5. Oktober ließen die Briten Leuchtbomben, sogenannte Christbäume, auf die Stadt fallen, um diese für den eigentlichen Angriff auszuleuchten. Etwas später, gegen 22 Uhr, warfen die Flugzeuge Tausende Stanniolstreifen ab, die das feindliche Radar für die Flugabwehr stören sollten. Um 22:30 Uhr fielen 325 Lancaster-Bomber über die Stadt her. In drei Wellen gingen fast 2.500 Sprengbomben und mehr als 350.000 Stabbrandbomben auf die Stadt und das umliegende Gebiet nieder. 45.000 Menschen wurden obdachlos, 361 starben.

Aber warum warfen die alliierten Verbände auch Bomben in den Wald, wenn es das erklärte Ziel war, Industriekomplexe und Wohngebiete dem Erdboden gleichzumachen? Und weshalb gerade Saarbrücken? „Zur Beantwortung der zweiten Frage muss man auf die Landkarte schauen", meint Frank Schilling und verdeutlicht: „Das Saargebiet war für die 3. US-Armee unter General Patton der ideale Ort, um in das Deutsche Reich vorzudringen." Das war vor allem der Fall, nachdem die Operation „Market Garden" (17.-25. 9.1944) in den Niederlanden gescheitert war. Mit dieser wollten die Alliierten den Westwall, das Bollwerk des Deutschen Reichs an der Westfront, umgehen (siehe Geheimnis 12). Besonders die Eisenbahnlinien, die von Osten und Nordosten an die Front zum Westwall führten, sollten zerstört werden. Knotenpunkte für diese Eisenbahnlinien – und daher bevorzugte Ziele – waren die Verschiebebahnhöfe in Saarbrücken, Homburg, Türkismühle und Neunkirchen.

Nicht jeder Bombenkrater ist mit Wasser gefüllt.

„Um auf die Frage zurückzukommen, weshalb auch Waldgebiet bombardiert wurde, müssen wir uns russische Dörfer angucken", sagt das Mitglied des Burbacher Kulturvereins, „genauer gesagt: Potemkin' sche Dörfer." Gregor Alexandrowitsch Potemkin (1739-1791) war ein russischer Fürst sowie Berater und Geliebter der Zarin Katharina der Großen (1729-1796). Nachdem sich das Zarenreich im Russisch-Österreichischen Türkenkrieg (1787-1792) in die südliche Ukraine ausgebreitet hatte, war Potemkin damit beauftragt, diese Gebiete auszubauen. Sein enormer Erfolg und seine bevorzugte Stellung bei der Zarin sorgten natürlich für Neid am russischen Hof. Auf einer Inspektionsreise 1787 waren die Zarin und alle Gäste, unter anderem Kaiser Joseph II. (1741-1790), sehr beeindruckt von Potemkins Leistung. Der sächsische Diplomat am Hof in St. Petersburg, Georg von Helbig, und viele russische Adlige platzten beinahe vor Neid. Helbig warf Potemkin in der Hamburgischen Zeitschrift *Minerva* vor, nur Scheinfassaden errichtet zu haben, um seine Herrin zu täuschen. Die Anschuldigungen entsprangen jedoch einem reinen Ammenmärchen, der Diplomat war bei der Inspektion nicht einmal selbst vor Ort. Aber die Leser glaubten ihm, und die Gerüchte hielten sich hartnäckig. In seinem Buch *Russische Günstlinge* von 1809 schreibt Gustav Adolf Wilhelm von Helbig: „Sie [die Leser] werden, wenn wir nicht irren, in den Jahrgängen 1797, 1798 und 1799 dieser schätzbaren Zeitschrift die Anekdoten Potemkins, des Tauriers, finden, in welchen alles, was sich von diesem merkwürdigen Manne sagen lässt, weitläuftig und wenigstens wahr erzählt ist." Doch dass Neid keinen guten Leumund hat, ist bekannt. „All das gab es tatsächlich, auch die Hausfassaden – doch die waren alles andere als Blendwerk. Hinter ihnen verbargen sich sehr solide Gebäude, bisweilen auch Paläste, großartige Kirchen und Verteidigungsbauwerke. Alles errichtet vom überaus rührigen Gouverneur Potemkin. Vertreter aus vielen Ländern, die an der Reise teilnahmen, waren tief beeindruckt", schreibt Ulrike Kulke in ihrem Artikel *An Fürst Potemkin war alles echt. Auch die Dörfer.*

„Die Alliierten sollten denken, dass die Deutschen die Produktion der Burbacher Hütte in den Wald verlegt haben, um sie vor den feindlichen Bombern zu schützen."

Und frei nach den Vorwürfen Potemkin gegenüber bauten die Deutschen im Köllertaler Wald im Zweiten Weltkrieg solch ein Dorf. Scheinfassaden, Hütten, Fabrikhallen, Wege: Alles sollte aus der Luft aussehen, als würde hier eine Industrieanlage stehen, die Burbacher Hütte. „Die Alliierten sollten denken, dass die Deutschen die Produktion der Burbacher Hütte in den Wald verlegt haben, um sie vor den feindlichen Bombern zu schützen", erklärt Frank Schilling den Plan. Doch der ging nur teilweise auf, denn die echte Burbacher Hütte, die seit 1856 bestand, wurde trotzdem zerstört.

„Die Bomben, die in den Wald fielen, richteten keinen Schaden an, töteten zum Glück niemanden."

Während der Bombenangriffe schossen deutsche Soldaten aus den Bunkern rund um die Attrappe, um vorzugaukeln, dass sich hier eine wichtige Anlage befinde. Der britische Geheimdienst vermutete richtigerweise auch eine Raketenstellung in diesem Waldstück. Sie stand keine 100 Meter von Kirschheck im Wald versteckt. Die Bombentrichter mitten im Wald sind noch heute Zeichen dafür, dass sich die Alliierten täuschen ließen.

„Die Bomben, die in den Wald fielen, richteten keinen Schaden an, töteten zum Glück niemanden", sagt Schilling und weist sogar noch auf einen Vorteil hin, den diese Bombenkrater im Wald haben: Sie bilden ein kleines Biotop für alle möglichen Lebewesen. Nicht zuletzt mahnen sie, dass ein Angriff auf die Zivilbevölkerung eines Landes nur Leid und Elend bringt, egal in welchem Krieg.

Mike Durlacher

So geht's zum Krater:

Die Krater finden sich überall im Wald bei Kirschheck etwas abseits der Wege. Ein guter Startpunkt ist das Naturfreundehaus bei Kirschheck. Von dort aus den Berg hinab und die erste Abzweigung nach rechts, etwa 20 Minuten später findet sich einer der Krater auf der rechten Seite.

Parken verboten – staunen erlaubt: Stefan Weszkalnys kennt die Geschichte des eindrucksvollen Portals.

16

Portal

Eisen, wem Eisen gebührt

„Hier steht das schönste schmiedeeiserne Portal, das Saarbrücken aufzuweisen hat", kündigt Stefan Weszkalnys an, als er in den Trillerweg einbiegt. Der ehemalige Ministerialrat des saarländischen Kultusministeriums steuert auf den Eingang einer weitläufigen Grünfläche zu, die sich zwischen den Hausnummern 42 und 56 erstreckt. Er hat nicht zu viel versprochen: Zwischen zwei ebenfalls sehr kunstvoll gearbeiteten Steinpfeilern prangt silbrig-grau glänzend das bis zur Spitze etwa vier Meter hohe und reich verzierte Gitterwerk.

Stefan Weszkalnys weiß, dass es nicht irgendwer war, der seine Auffahrt von einem so imposanten Schmuckstück versperren ließ. „Auf diesem Grundstück stand einst die Villa Röchling", erzählt er. „Der Familie Röchling gehörte das Eisenwerk Völklinger Hütte. Darüber hinaus besaßen sie auch ein Bankhaus und betrieben Holz- und Kohlehandel. Aber die Eisenindustrie war ihr Haupterwerb."

Nach seiner kaufmännischen Lehre arbeitete Carl Röchling (1827-1910) zunächst in den Niederlanden, bevor er 1855 in seine Heimatstadt Saarbrücken zurückkehrte und in das 1822 durch einen Onkel gegründete Kohlenhandelsunternehmen einstieg. Bei der Kohle blieb es nicht: Neben dem Ausbau weiterer Geschäftszweige erwarb Carl Röchling 1881 mit seinen Brüdern Theodor, Ernst und Fritz die Völklinger Eisen- und Stahlhütte, sodass sich die Firma rasch zu einem Großkonzern entwickelte.

1857 heiratete er Alwine Vopelius (1837-1918) und bekam mit ihr 14 Kinder, von denen zwei Töchter bereits im Kindesalter und drei Söhne in jungen Jahren verstarben. Mit seiner Familie lebte der Großindustrielle viele Jahre bescheiden in einem schlichten Barockhaus in der Wilhelm-Heinrich-Straße. Es beherbergte auch die Geschäftsräume des Unternehmens, und der Platz wurde mit der Zeit eng. „Daher ließ sich der inzwischen als Kommerzienrat Geehrte 1896 bis 1898 durch meinen Großvater die Villa auf dem Triller errichten", schildert Stefan Weszkalnys die Lösung des Problems. Hans Weszkalnys (1867-1946) war als Architekt mit der Planung der Röchling-Residenz beauftragt worden und hatte die Realisierung des Bauvorhabens in die Wege geleitet: „Mein Großvater musste als Strohmann die ganzen Gärten aufkaufen", berichtet der Enkel. „Es sollte vermieden werden, dass der Name Röchling als Industrieller und gut betuchter Mann als Käufer auftritt, sonst hätten die Verkäufer die Preise sicher ins Uferlose getrieben."

Trotz dieses äußerst repräsentativen Alterssitzes war Sparsamkeit in der Unternehmerfamilie das Gesetz. „Ihr Motto lautete: Man wird reich vom Behalten und nicht vom Verschenken", führt Stefan Weszkalnys aus. So verwendete das Ehepaar Röchling zum Beispiel eine Bildpostkarte ihrer Villa sogar zu Kondolenzzwecken. „Verstehen Sie, kein Briefbogen und Umschlag, sondern eine Postkarte zu günstigstem Porto, mit der der Glanz des eigenen Hauses unterstrichen wurde", verdeutlicht der Saarbrücker und bilanziert: „Die Röchlings waren harte Knochen." Gleichzeitig räumt er aber ein: „Dieser Hang zur Sparsamkeit war symptomatisch, kann man sagen. Der klassische frühere Kaufmann und Industrielle war der Sparsamkeit verpflichtet. Den Gewinn, den er gemacht hat, hat er nicht verzehrt, sondern in sein Unternehmen reinvestiert, damit es besser werden konnte und immer auf der Höhe der Zeit blieb."

Bis 1945 konnten die Saarbrücker die stattliche Villa noch bewundern, dann fiel sie der amerikanischen Artillerie zum Opfer. „Die Luftaufklärung der Amerikaner hatte herausgefunden, dass hier ein deutscher Militärstab drin lag, woraufhin die Villa am 16. und 17. März 1945 in Brand geschossen wur-de", zitiert Weszkalnys den Augenzeugen Adelbert Weinstein, damals dort einquartiert, später Wehrexperte der *Frankfurter Allgemeinen Zeitung*. Die ausgebrannte Ruine habe noch bis Mitte der 50er-Jahre an Ort und Stelle gestanden, dann sei sie abgebrochen worden. „Heute stehen noch das ehemalige Kutscherhaus, das Sommerhäuschen mit Kegelbahn, die Gruftkapelle der Sippe, ein Großteil der Mauer mit Gitter darauf und eben das Tor – alles historisch", ergänzt der Stadtkenner.

„Der klassische frühere Kaufmann und Industrielle war der Sparsamkeit verpflichtet. Den Gewinn, den er gemacht hat, hat er nicht verzehrt, sondern in sein Unternehmen reinvestiert."

Auch geblieben ist der Name Röchling-Park, unter dem das 40.000 Quadratmeter große Grundstück bekannt ist. Und was könnte den Eingang zu diesem auch heute noch besser zieren als ein Portal aus geschmiedetem Gitterwerk? Besteht es doch aus ebenjenem Rohstoff, mit dem es Carl Röchling zu beträchtlichem Erfolg brachte – genau: Eisen.

Elena de F. Oliveira

So geht's zum Portal:

Der Eingang zum Röchling-Park befindet sich im Trillerweg gegenüber dem Haus mit der Nummer 63.

Dr. des. Heidi Kügler erzählt, was es mit dem blauen Schild auf sich hat.

17

Firmenschild

Der Stolz eines Bauunternehmers

Kunterbunt und etwas verspielt prangt die Werbung, die dem Spaziergänger in der Saarbrücker Straße in Dudweiler auffällt, sowohl über als auch neben einem kleinen Fenster: Jünglinge, Lorbeerkränze, Fasane, Blumen, ein knalliges Blau. Das Firmenschild zieht auf jeden Fall die Aufmerksamkeit auf sich und kündet vom Stolz und Stilverständnis des Besitzers, dem das Gebäude und die dazugehörige – nicht mehr existierende – Firma vor etwa 100 Jahren gehörten. Zu lesen ist mittig: *HEINRICH – MICKA BAUGESCHÄFT UND BAU-MATERIALIENHANDLUNG.* „Die Reklame gehört wie die Gebäude dahinter zur Villa Micka“, erzählt Kunsthistorikerin Dr. des. Heidi Kügler, Vorsitzende des Saarländischen Vereins für Denkmalschutz, und deutet auf das etwas weiter hinten am Hang stehende prächtige Ge-bäude.

Die Familie der Mickas kam 1758 aus Prag ins saarländische Dudweiler. Carl Micka (gest. 1782) war Maurer, das Baugeschäft lag der Familie also im Blut. Sein Nachfahre Heinrich Micka (1871-1939) führte als Bauingenieur ebenjenes Unternehmen, für das das Firmenschild wirbt, und verdiente sehr gut. Genug Geld, um sich auf dem 28.000 Quadratmeter großen Gelände sein Traumhaus zu bauen, für das er am 26. April 1904 einen Bauantrag stellte.
Zwei Jahre später begann er mit dem Bau, und innerhalb von sechs Jahren entstand eine mit Skulpturen, Türmchen und Erkern verzierte Villa in gotischen Bauformen mit Jugendstilornamenten. 27 Jahre lang konnte Micka sein Traumhaus am Hang genießen, bevor er 1939 durch einen tragischen Unfall – ein Fuhrwerk zerquetschte ihn im Stall – starb.

„Der Zweite Weltkrieg ging nicht spurlos an der Villa vorüber, sie wurde beschädigt", führt Heidi Kügler die weitere Geschichte des Gebäudes aus. In jüngster Vergangenheit, im Jahr 2013, war das Haus sogar im Fernsehen zu bestaunen, denn der Saarland-Tatort vom 27. Januar wurde von Juni bis August 2012 teilweise dort gedreht. Dass seine prächtige Villa einmal die Kulisse für einen Fernsehfilm sein sollte, hätte sich Heinrich Micka sicher nicht träumen lassen. Aber aufgrund der vielen Details und des Baustils bietet es sich dafür geradezu an. Und mit genauso vielen Details sticht das Firmenschild für das ehemalige Baugeschäft der Familie Micka hervor – und erinnert an sie.

Mike Durlacher

So geht's zum Firmenschild:

Das Firmenschild befindet sich am Gebäude Saarbrücker Straße 192 in Dudweiler.

Volker
VELSEN

18

Alarmturm

Mächtig Krach für den Schutz

Normalerweise heißt es Lärmschutz. Hier muss es Schutzlärm heißen. Mit „hier“ ist das kleine Alarmtürmchen im Wald oberhalb des Erlebnisbergwerks Velsen gemeint. Das unscheinbare Gebäude aus roten Ziegeln hatte früher eine wichtige Funktion: „Es warnte die über Tage arbeitende Belegschaft während des Zweiten Weltkrieges vor nahenden Bomberangriffen“, weiß der 1. Vorsitzende des Erlebnisbergwerks Velsen, Volker Etgen. „Die Kumpels unter Tage waren ja einigermaßen sicher, solange die Erschütterungen nicht die Schächte zum Einsturz brachten.“ Die beiden Schächte in Velsen dienten dem Personen- und Materialtransport und der Kohleförderung und während eines Fliegerangriffes fungierten sie zudem als Luftschutzstollen.

Die Belegschaft über Tage sei vor den alliierten Bomben allerdings ganz und gar nicht sicher gewesen, erzählt Volker Etgen und deutet in die Richtung des ehemaligen Verwaltungsgebäudes der Grube, das man vom Alarmtürmchen aus aufgrund des dichten Laubwerks nicht sehen kann. Es ist ein wunderschöner Bau aus Sandstein mit einem aus der Fassade herausragenden Turm mit Pyramidendach, der in der architektonischen Fachsprache „Risalit“ heißt. Dort arbeiteten die höheren Bergbeamten wie der Bergwerksdirektor und die Obersteiger, die die Oberaufsicht über alle Bergmänner hatten.

Damit die Beamten und die Belegschaft über Tage rechtzeitig vor Bombern gewarnt wurden, bauten die Grubenbetreiber den Alarmturm: Oben auf dem Hügel bot sich eine perfekte Sicht, um Flieger schon von Weitem erspähen zu können. Hatte der Posten in dem Häuschen dann die nahende Gefahr entdeckt, konnte er Alarm schlagen. Und dabei kam ihm die Bauweise des etwa mannshohen Bauwerks zugute: Es ist kreisrund und hat ein kegelförmiges Dach. In den Fassaden zum Tal und zum Bergwerk hin sind trichterförmige Schalllöcher ausgespart. Die Löcher werden nach außen hin breiter und ver-

Volker Etgen kennt die Funktion des kleinen Ziegelbaus.

stärkten damit den Schall. Eine mannshohe Schutzmauer steht – ebenfalls gekrümmt – etwa 50 Zentimeter von der eigentlichen Alarmhütte nach hinten versetzt und schützte deren Innenraum vor Druckwellen und den Schrapnells explodierender Bomben.
Der Posten stand mit einer Drehsirene im Häuschen, und wenn er diese betätigte, indem er kräftig kurbelte, schallte der so erzeugte Höllenlärm durch die Öffnungen und warnte das gesamte Tal vor dem tödlichen Bombenregen. Vermutlich waren zusätzlich Blechtrichter zur weiteren Schallverstärkung angebracht. Der kurbelnde Posten indes musste hoffen, dass er selbst nicht getroffen wurde, denn „das Häuschen hätte keinen Direkttreffer überstanden“, ist sich Volker Etgen sicher.

„Das Häuschen hätte allerdings keinen Direkttreffer überstanden.“

Das Alarmtürmchen wird heute nicht mehr gebraucht, die Zeche steht still, und nur interessierte Besucher kommen noch in die alten Luftschutzstollen, die nach dem Krieg zu einem Lehr- und Ausbildungsstollen erweitert wurden und heute zu besichtigen sind. Lärm schallt also nicht mehr über die Grube Velsen, höchstens der Verkehrslärm der nahen Straße und der der Abfallverwertungsanlage gleich nebenan.

Mike Durlacher

So geht’s zum Alarmturm:

Das Alarmtürmchen befindet sich oberhalb des Erlebnisbergwerks Velsen. Neben dem Transformatorhäuschen geht ein Waldweg den Hügel hinauf, nach etwa zehnminütiger Wanderung, bei der man sich rechts halten sollte, entdeckt man den kleinen Alarmturm.

Der Standort dieses Gebäudes sorgte einst für mächtig Zoff zwischen zwei Stadtoberhäuptern.

19

Bezirkskommando

Zwei Bürgermeister im Duell

Wo heute stimmgewaltig und mit Finesse Kunst auf den Brettern, die die Welt bedeuten, dargeboten wird, hämmerten früher genagelte preußische Militärstiefel über dieselben. „Denn hier, wo seit 2011 das *Theater im Viertel* als Studiotheater sein Publikum begeistert, befand sich um die vorletzte Jahrhundertwende herum das Armee-Bezirkskommando", weiß Dieter Desgranges, künstlerischer Leiter des Theaters. Doch bevor es in dem Gebäude am Schlachthausplatz, dem heutigen Landwehrplatz, angesiedelt wurde, gab es Streitigkeiten über seinen zukünftigen Standort.

Die streitenden Parteien waren die Städte St. Johann und Saarbrücken in Person von deren jeweiligen Bürgermeistern: Friedrich-Wilhelm Feldmann (1846-1911) für Saarbrücken und Dr. Paul Neff (1853-1934) für St. Johann. Es bestand schon immer eine gewisse Rivalität zwischen den beiden Städten und dadurch auch zwischen deren Bürgermeistern. Hitzige Verhandlungen um den Standort des Bezirkskommandos und persönliche Differenzen: All das gipfelte schließlich in einem Duell. Am 22. Oktober 1894 trafen sich die beiden Streithähne im Irgental, um mit einem Pistolenduell den Disput zu klären und Satisfaktion zu erlangen. Das Duell sorgte für großes Aufsehen, die *Saarbrücker Zeitung* ließ am Tag darauf verlauten: „Ein Duell fand, wie wir soeben von zuverlässiger Quelle vernehmen, heute Morgen in der Nähe von St. Arnual zwischen den Bürgermeistern der beiden Städte Saarbrücken und St. Johann, den Herren Feldmann und Dr. Neff statt. In demselben wurde letzterer am Kinn getroffen." Die Verletzung scheint aber glücklicherweise nicht sonderlich schwer gewesen zu sein. Das Duell verstieß gegen geltendes Recht, wurde aber mehr oder weniger toleriert. Daher mussten die beiden Bürgermeister zur Strafe auch nur eine mehrwöchige Festungshaft absitzen. Auch wenn im Duell niemand obsiegte, im Streit um das Armee-Bezirkskommando gab es einen Sieger: Es kam nach St. Johann. Doch nicht für lange, denn 1912 zog die Militärbehörde nach Saarbrücken um.

Heute spielt das „Theater im Viertel" im unteren Teil des Gebäudes, nachdem es zuvor in kleineren Räumlichkeiten unweit des Landwehrplatzes untergebracht war. „Im oberen Teil logieren Gäste des Staatstheaters, das gleich im Gebäude nebenan eine Spielstätte hat", berichtet der künstlerische Leiter des Theaters Dieter Desgranges. Zuvor war dieses Gebäude eine Turnhalle des Turnerbundes Saarbrücken, danach die St. Johanner Feuerwache, unter welchem Namen sie heute noch bekannt ist. Uniform wurde gegen Kostüm getauscht, eine eindeutig angenehmere Verwendung für das Gebäude.

Mike Durlacher

So geht's zum Bezirkskommando:

Das ehemalige Bezirkskommando befand sich am Landwehrplatz 2. Das Gebäude beheimatet heute das Theater im Viertel.

Museumsdirektor Simon Matzerath kennt die unterirdischen Geheimnisse des Brunnens auf dem Schlossplatz.

20

Brunnen

Gießkanne des gräflichen Gartens

Brunnen üben häufig eine eigentümliche Faszination aus. Fast automatisch tritt man an sie heran, um sich vorsichtig über ihren Rand zu beugen und einen Blick in die Tiefe zu riskieren oder um einen Stein hineinfallen zu lassen und die Sekunden zu zählen, bis sein Aufschlag ertönt. Bei dem Brunnen, der unter dem Baum in der westlichen Ecke des Schlossplatzes steht, ist das jedoch nicht möglich: Auf den drei Reihen alter Mauersteine liegt ein schwerer kegelförmiger Betondeckel, auf dessen Spitze eine Kugel sitzt. Von der Form her erinnert das steinerne Gebilde ein wenig an eine hübsche Dose, in der sich verlockendes Naschwerk befindet. Mehr gibt die Brunnenumrandung auf den ersten Blick nicht preis. Und auch auf den zweiten nicht. Doch es steckt mehr dahinter.

Dass der Brunnenschacht tief hinab führt, und zwar nicht nur in die Erde, sondern auch in die Geschichte, weiß Simon Matzerath. Der

Direktor des Historischen Museums kennt ihn nämlich aus einer ganz besonderen Perspektive: von innen. Im Gegensatz zu vielen anderen Brunnen schaute der Historiker dabei jedoch nicht von oben hinab, sondern von unten hinauf. Um zu erklären, wie das geht, müssen wir jedoch von vorne anfangen.

„Der Brunnen muss mindestens mittelalterlich sein", beginnt Matzerath zu erzählen. „Als damals die Siedlung um die Burg herum entstand, war das der Marktbrunnen, der zur Wasserversorgung der Saarbrücker in dem Stadtteil diente, den wir heute Alt-Saarbrücken nennen."

Die Bebauung des heutigen Schlossplatzes mit einer Burg ist bereits für das Jahr 999 belegt. Ab der zweiten Hälfte des 15. Jahrhunderts und dann erneut nach 1560 wurden die Verteidigungsanlagen verstärkt und im Zuge dessen auch ein Graben ausgehoben beziehungsweise erweitert. Als Ludwig II. von Nassau-Weilburg (1565-1627) im Jahr 1602 Graf von Nassau-Saarbrücken wurde, ließ er die Burg bis 1617 zum Renaissanceschloss umbauen. „Die Verteidigungsanlagen hat man nicht länger gebraucht, aber den Graben zuzuschütten, wäre zu aufwendig gewesen. Also ließ der Graf dort Gärten und Spielfelder für Cricket und Tennis anlegen", berichtet der Museumsdirektor.

Wie eine verschlossene Dose steht der Brunnen in der Ecke des Schlossplatzes.

Damit die Herrschaften ihren sportlichen Betätigungen in einer schönen Umgebung nachgehen konnten, brauchte die Anlage natürlich Pflege – auch in Form von Wasser. Und um an das kühle Nass zu gelangen, zapfte Ludwig die Versorgung seiner Untertanen an. „Er ließ einen Wasserleitungsgang vom Brunnen zum Burggraben durchstechen, um Teile des Wassers für sich selbst abzuzwacken", erläutert Simon Matzerath das gräfliche Vorgehen. Eine Jahreszahl am Fuße des Brunnenschachts zeugt davon, dass der 21 Meter lange Gang 1614 in den Sandstein geschlagen wurde.

„Darin verlief das Wasserrohr, aber weil ein Mensch darin arbeiten können musste, ist der Gang gerade so hoch, dass jemand hindurchpasst", beschreibt der Historiker den Tunnel, den er selbst schon bei einer abenteuerlichen Exkursion erkundet hat. Und als er dabei an das Ende des Gangs gelangte, konnte er den Brunnenschacht von innen in Augenschein nehmen und den „Deckel der Dose" von unten bewundern.

„Die Verteidigungsanlagen hat man nicht länger gebraucht, aber den Graben zuzuschütten, wäre zu aufwendig gewesen. Also ließ der Graf dort Gärten und Spielfelder für Cricket und Tennis anlegen."

Nachdem der Burggraben Mitte des 18. Jahrhunderts dann doch zugeschüttet wurde, blieb er unzugänglich, bis er 2007 wieder freigelegt wurde. „Der Brunnen hatte also eigentlich mehrere Funktionen", fasst Simon Matzerath zusammen. „Er diente den Saarbrückern zunächst seit dem Mittelalter als Marktbrunnen und später durch die Abzweigung zur Bewässerung des Schlossgartens im alten Burggraben." Sein kegelförmiges Hütchen bekam der Brunnen nach dem Zweiten Weltkrieg aufgesetzt, damit niemand hineinfällt.

Zum Schluss sei noch etwas verraten, das sich von außen nicht zu erkennen gibt: Streng genommen handelt es sich gar nicht um einen Brunnen. „Das ist eigentlich eine Zisterne", stellt Matzerath richtig und erläutert: „Im Gegensatz zum Brunnen wird einer Zisterne künstlich Wasser zugeführt. Hier ist also kein Grundwasser drin." Und wer bei dem Anblick des steinernen Gebildes ebenfalls an eine Bonbondose denken muss, hat es sich vielleicht schon denken können: Süßigkeiten leider auch nicht.

Elena de F. Oliveira

So geht's zum Brunnen:

Er befindet sich unter dem Baum an der Ecke Schlossplatz / Talstraße.

20*C+M+B*10

Buchstaben

Versteckte Tüftelei im Giebel

Mathematik kann man mögen oder nicht. Wer hat als Kind nicht schon über seinen Hausaufgaben gebrütet, unter der Hand geflucht und demjenigen gegrollt, der das Alphabet in die Rechnungen eingefügt hat! Und dann stolpert der Kirchgänger oder nachmittägliche Spaziergänger auch noch unwissentlich am Hauptportal der Kirche St. Marien in Dudweiler über Mathematik! „Aber nur, wenn man die zweifache Funktion mancher Buchstaben in der Inschrift erkennt", erklärt die Kunsthistorikerin und Vorsitzende des Saarländischen Vereins für Denkmalschutz Dr. des. Heidi Kügler. Doch was ist da zu lesen?

Die Inschrift ist zweigeteilt. Links und rechts der farbig gefassten Marienstatue befinden sich in den Dreiecksgiebeln über dem Portal Dreipässe, die Buchstaben beinhalten. In dem linken, also dem nördlichen Dreipass ist *Deo pro / teC / torI Laeta LaVs* zu lesen, in dem rechten *honosqVe / per / saeCULa aMen.* Aus dem Lateinischen übersetzt, bedeutet die Inschrift zusammengenommen: „Gott, dem Beschützer, sei ein frohes Lob und die Ehre in Ewigkeit Amen." Solche Lobpreisungen ebenso wie Bibelverse oder Schutzbitten finden sich an katholischen Kirchen häufig.

Aber die Ausführung, besonders die willkürliche Verwendung von Großbuchstaben, lässt den Leser stutzen. Heidi Kügler kann das Rätsel lösen: „Die Großbuchstaben DCILLVVCVLM stellen gleichzeitig römische Ziffern dar, wobei U und V gleichzusetzen sind." Dazu muss man die Bedeutung der Buchstaben kennen: I = 1, V = 5, X = 10, L = 50, C = 100, D = 500 und M = 1000. Zählt man diese zusammen, erhält man in der Summe 1866, das Weihejahr der Marienkirche. „In ihrer Reihenfolge ergeben die Ziffern jedoch keine gültige römische Zahl", weiß die Kunsthistorikerin.

Bei der lateinischen Inschrift, deren Großbuchstaben gleichzeitig römische Ziffern sind, handelt es sich um ein Chronogramm in Ver-

Dr. des. Heidi Kügler kann das Rätsel um die Buchstaben über den Portalen lösen.

schlüsselungstechnik. Die Buchstaben, die diese doppelte Funktion haben, sind entweder durch ihre Größe oder ihre Farbe beziehungsweise Schriftstärke kenntlich gemacht. „Das Anbringen von Chronogrammen an Bau- und Kunstdenkmälern ist in Europa seit dem Mittelalter nachweisbar“, erklärt Heidi Kügler. Dabei sind verschiedene Ausführungen zu unterscheiden. Bei einem „sauberen“ Chronogramm ergibt die Summe aller Zahlbuchstaben die Jahreszahl. Ist das nicht der Fall, kommen also Buchstaben oder Ziffern vor, die für die Ermittlung der Jahreszahl keine Bedeutung haben, gilt das Chronogramm als „unsauber“. In „reinen“ Chronogrammen hat jedes Wort ein Zahlzeichen, Füllwörter werden vermieden, in „natürlichen“ sind sie sogar in der richtigen Reihenfolge analog der römischen Zahlen angeordnet.

Erbaut wurde das Dudweiler Gotteshaus im neogotischen Stil unter dem Architekten Carl Friedrich Müller (1833-1889) aus Saarlouis. Im Zweiten Weltkrieg wurde St. Marien stark beschädigt und später aufwendig renoviert. Nachdem es 2001 zu einem Großbrand im Kircheninneren gekommen war, wurde es restauriert. Eine Besonderheit in der Kirche ist eine sogenannte „Pietà“ aus dem 14. Jahrhundert, die sich allerdings hinter Panzerglas befindet. Eine Pietà ist eine Darstellung der leidenden Mutter Gottes, die den Leichnam Jesu hält. Die Marienfigur über dem Eingangsportal ließ die Gemeinde 2004 restaurieren, auch die Inschrift in den Dreipässen wurde erneuert. Das Datum der Kirchweihe von 1866 kann man noch heute ablesen, vorausgesetzt, man entziffert das Chronogramm richtig.

Mike Durlacher

So geht's zu den Buchstaben:

Die Buchstaben befinden sich über dem Eingangsportal der Kirche St. Marien in Dudweiler an der Kleinen Kirchenstraße 1.

Simon Matzerath hat es trotz absolutem Halteverbot gewagt, sich auf der Bodenklappe niederzulassen.

22

Bodenklappe

Parkverbot auf dem Schlossplatz

Zugegeben: Das Saarbrücker Schloss ragt nicht besonders farbenfroh auf dem dazugehörigen Platz empor. Umso mehr sticht durch seine Farbgebung daher das Zeichen auf einer der rechteckigen Klappen ins Auge, die im westlichen Bereich des Schlossplatzes im Boden eingelassen sind. Es ist rund, rot und blau und erscheint meistens als Schild im Straßenverkehr. Wer es kennt, weiß: Hier herrscht absolutes Parkverbot.

Simon Matzerath, Leiter des Historischen Museums Saar, kann erklären, weshalb ausgerechnet mitten auf dem weitläufigen Areal das blau-rote Zeichen auf dem Boden prangt: „Das ist der Notausgang des Museums." So banal, wie die Erklärung klingt, ist sie jedoch gar nicht. Denn wenn die Besucher im Notfall durch eine Luke an die Oberfläche flüchten, heißt das, dass sie sich zuvor darunter befunden haben müssen. Und dort verbirgt sich eine Besonderheit, die man von oben nicht vermuten würde. „Wir sind das einzige Museum in Mitteleuropa mit einer unterirdischen Burg", verrät der Historiker, woraufhin er durch den Museumseingang und die Treppen hinabgeht, die in den geheimnisvollen Bereich unter der Erde führen.

Unter dem Schlossplatz schlummern die ältesten Überreste des Bauwerks. Dieses fand im Jahr 999 erstmals als „Castellum Sarabruca" urkundliche Erwähnung. Graf Johann III. von Nassau-Saarbrücken (1423-1472) ließ die – mittlerweile durch Friedrich I. Barbarossa (um 1122-1190) zu einer staufischen Anlage umgebaute – hochmittelalterliche Burg in der Mitte des 15. Jahrhunderts neu befestigen. Sein Namensvetter Graf Johann IV. von Nassau-Saarbrücken (1511-1574) sorgte ab 1563 dafür, dass die Anlage durch Bollwerke verstärkt und zudem der Graben zwischen Burg und Stadt erweitert wurde.

„Wir stehen hier jetzt sozusagen im Burggraben", kommentiert Simon Matzerath 14 Meter unter der Erdoberfläche. „Vereinfacht gesagt, ist das der Schlossgraben aus dem 16. Jahrhundert, hier stecken aber auch noch Teile des vorhergehenden Burggrabens drin, der dann erweitert worden ist." Von den Baumaßnahmen Graf Johanns IV., die die Burg wehrhafter machen sollten, zeugen noch die um 1563 entstandenen sogenannten Kasematten, also die gemauerten Gewölbe, die gegen feindlichen Beschuss schützen sollten. „Der Notausgang führt auf historischem Weg direkt in die zweite Kasematte", berichtet der Museumsdirektor. „Weiter oben gab es im 16. Jahrhundert noch eine Verteidigungslinie. Die wurde nur im Bereich der obersten zwei Meter für die Klappe ausgebaut, ansonsten ist das hier unten alles original."

Aus gutem Grund sollte die eingelassene Klappe auf dem Schlossplatz immer freigehalten werden.

Um einen Weg aus der unterirdischen Burg hinaus finden zu können, musste man allerdings erst einmal hineingelangen. Und das war nicht immer möglich. Nachdem in den Jahren 1602 bis 1617 ein Renaissancebau auf dem Schlossfelsen errichtet worden war, veranlasste der Architekt Friedrich Joachim Stengel (1694-1787) im Auftrag des Fürsten Wilhelm Heinrich von Nassau-Saarbrücken (1718-1768) den Bau eines dreiflügeligen Barockschlosses. Der Burggraben und die Befestigungsanlagen wurden im Zuge dessen zugeschüttet – und blieben es lange Zeit. „Erst 2003 fing man an, die unterirdische Burg freizulegen, und seit 2007 ist sie wieder begehbar", erzählt Matzerath und kommt noch einmal auf die Bodenklappe auf dem Schlossplatz zurück: „Die Klappe ist als Fluchtgang zu nutzen. Im Notfall wäre sie sogar in der Lage, Autos hochzudrücken, wenn diese aus Versehen auf ihr parken."

Glücklicherweise musste sich bislang kein Besucher der unterirdischen Burg durch den Notausgang in Sicherheit bringen. Im Ernstfall wäre es den Flüchtenden wohl auch einerlei, dass sie dabei auf historischen Spuren wandeln.

Zumindest was die Bodenklappe betrifft, mag es sicherer erscheinen, sie nur von oben zu sehen. Für jeden, der genau hinschaut, ist sie ein Hinweis darauf, was sich an Geschichte unter der Betondecke verbirgt. Wer sich damit zufrieden gibt, hat jedoch einiges verpasst – denn der Besuch der darunter befindlichen bauhistorischen Relikte lohnt sich allemal.

Elena de F. Oliveira

So geht's zur Bodenklappe:

Sie befindet sich einige Meter vom Museumseingang entfernt im westlichen Bereich des Schlossplatzes.

Das Grabmal auf dem Halberg ist Fürst Heinrich von Nassau-Saarbrücken gewidmet.

23

Obelisk

Der heimgekehrte Fürst

Der Obelisk auf dem Halberg ist ein ungewöhnliches Denkmal. Nicht nur aufgrund seines exponierten Standortes, sondern auch insofern, als zusätzlich zu einer steinernen Platte eben auch das nach oben spitz zulaufende Monument auf den hier Bestatteten hinweist: *HIER RUHET DIE ASCHE DES FÜRSTEN HEINRICH ZU NASSAU DESSEN EINZIGER WUNSCH WAR DAS WOHL SEINER UNTERGEBENEN BEFÖRDERN ZU KÖNNEN.*

Oder in der etwas ausführlicheren Variante der Inschrift auf der Platte: *HEINRICH FÜRST ZU NASSAU, GRAF ZU SAARBRÜCKEN UND SAARWERDEN, HERR ZU LAHR, WIESBADEN UND IDSTEIN,*

1768-1797. ÜBERFÜHRUNG CADOLZBURG – SAARBRÜCKEN 7. JULI 1976, ENDGÜLTIGE BEISETZUNG 27. NOVEMBER 1976.
„Er war der letzte legitime Erbprinz von Saarbrücken, der aber nie regierte", weiß Klaus Friedrich, der sich mit der Geschichte der Region im 18. Jahrhundert eingehend beschäftigt hat, über Heinrich von Nassau-Saarbrücken zu berichten. Die Inschrift auf dem Grabstein verrät neben dem ausführlichen Namen außerdem, dass der hier Bestattete erst Ende November 1976 endgültig an dieser Stelle beigesetzt wurde, nachdem er zuvor im Juli von Cadolzburg nach Saarbrücken überführt worden war. „Er starb im Exil und wurde zunächst dort begraben", erklärt Friedrich diesen Umstand.

Heinrich von Nassau-Saarbrücken (1768-1797) wuchs als Einzelkind auf, hatte aber einige Halbgeschwister, die aus den Beziehungen seines Vaters zu verschiedenen Mätressen hervorgegangen waren. Die Ehe seiner Eltern Ludwig von Nassau-Saarbrücken (1745-1794) und Wilhelmine von Schwarzburg-Rudolstadt (1751-1780) verlief wohl wenig glücklich. Irgendwann hatte Wilhelmine genug von der Untreue ihres Gatten, sodass sie dem städtischen Hof 1774 den Rücken kehrte und sich mit dem gemeinsamen Sohn auf Schloss Monplaisir auf dem Halberg zurückzog, wo Heinrich seine Kindheit verbrachte.

Jenes kleine Lustschloss hatte 1709 bis 1711 Graf Ludwig Kraft (1663-1713) auf dem Plateau errichten lassen. Freiherr Adolph von Knigge (1752-1796) besuchte Schloss Monplaisir wohl mehrmals und schrieb in einem Brief vom 6. Mai 1792: „Auf dem Halberge, einer beträchtlichen Anhöhe, ungefähr 3/4 Stunden von der Stadt gelegen, steht das Lustschloß Mon plaisir. [...] Das Schloß ist klein, aber artig eingerichtet. Der menschenfreundliche Fürst [Ludwig] hat über einen Kamin im Speisesaal eine Inschrift setzen lassen, wovon ich nur die letzte einladende Zeile behalten habe: ‚Je veux que mon plaisir soit le plaisir des autres.'"

Der Fürst von Nassau-Saarbrücken wünschte folglich, dass sein eigenes Vergnügen („mon plaisir") auch das der anderen sein möge, und, wie das Wortspiel weiterhin verrät, dass außerdem das gleichnamige Schloss anderen Freude bereiten solle. Zu diesem Zweck wurde unter Heinrichs Vater Ludwig der bereits zuvor entstandene Barockgarten ab 1771 um einen Landschaftspark erweitert, und 1788/89 ließ er zum allgemeinen Vergnügen am Fuß des Halbergs eine Fasanerie und ein Finkenhäuschen errichten.

Allzu lange konnten sich die Saarbrücker daran jedoch nicht erfreuen: Wie die anderen saarländischen Residenzschlösser wurde im November 1793 auch Monplaisir von französischen Revolutionstruppen gründlich demoliert. Nachdem die Anhöhe Jahrzehnte hindurch den Saarbrückern weiterhin als beliebtes Ausflugsziel gedient hatte, ging sie in den Besitz des einflussreichen Großindustriellen Carl Ferdinand Stumm (1836-1901) über, der hier ein neues Bauprojekt realisierte. An dem Ort, den einst Erbprinz Heinrich sein Zuhause nannte, erhebt sich noch heute Schloss Halberg, das der 1888 geadelte „Industriebaron" Stumm, der sich seit 1891 Freiherr von Stumm-Halberg nennen durfte, hier errichten ließ.

Nach seiner Kindheit und Erziehung verließ Heinrich die Stadt vorübergehend – seine Mutter war wenige Jahre zuvor bereits verstorben –, um zunächst in Straßburg und 1782 bis 1785 in Göttingen Physik zu studieren. 1789 zog Marie Françoise Maximilienne de Montbarrey (1761-1838) an den Saarbrücker Hof. Heinrichs Vater hatte die Vermählung mit der Tochter des französischen Kriegsministers bereits 1779 aus finanziellen Erwägungen heraus für ihn arrangiert. Aus der Ehe gingen jedoch keine Kinder hervor. Nach seinem Studium führten Heinrich mehrere Reisen durch Deutschland, Frankreich und Italien. Da die gewaltsamen Auswirkungen der Französischen Revolution auch vor Saarbrücken nicht haltmachten und die Besatzer die Verhaftung Fürst Ludwigs und seiner Familie beschlossen, war auch Heinrich im Mai 1793 gezwungen, im letzten Moment die Flucht zu ergreifen. Sein ebenfalls geflohener Vater Ludwig, ohnehin bereits gesundheitlich angeschlagen, starb im darauffolgenden Jahr in Aschaffenburg.

Klaus Friedrich deutet auf den Obelisken, zu dem er viel recherchiert hat.

Heinrich hingegen schloss sich den an der Saar operierenden preußischen Truppen an und versuchte, seine Heimatstadt zurückzuerobern, jedoch erfolglos. Mit dem Tod seines Vaters folgte Heinrich ihm zwar 1794 als amtierender Fürst von Nassau-Saarbrücken nach, konnte jedoch nicht über das auf ihn übergegangene Hoheitsgebiet verfügen, das sich noch immer in der Hand der Franzosen befand. Vom preußischen König hatte er Schloss Cadolzburg in der Nähe des mittelfränkischen Ansbach zur Verfügung gestellt bekommen, wo er am 27. April 1797 auf tragische Weise verstarb und bestattet wurde. „Heinrich kam infolge eines unglücklichen Reitunfalls ums Leben, bei dem er vom Pferd stürzte und infolgedessen kurz darauf an einer geplatzten Ader im Kopf starb“, schildert Klaus Friedrich das plötzliche Ende des jungen Fürsten. Bis zu seinem Tod 1797 blieb Heinrich ein Fürst ohne Land, trotz seines Wunsches, das Wohl seiner Untergebenen befördern zu können, wie ihm die Inschrift auf dem Obelisken bescheinigt.

„Heinrich kam infolge eines unglücklichen Reitunfalls ums Leben, bei dem er vom Pferd stürzte und infolgedessen kurz darauf an einer geplatzten Ader im Kopf starb.“

Fast 180 Jahre verblieben Heinrichs sterbliche Überreste in Cadolzburg, obwohl er in seinem Testament den Halberg zu seiner letzten Ruhestätte bestimmt hatte. Dieser Wunsch wurde ihm erst 1976 durch die Initiative „Freundeskreis Erbprinz Heinrich“ erfüllt, die den im Exil Verstorbenen zurück in die Heimat überführte. So bekam der letzte Fürst von Nassau-Saarbrücken im Zuge seiner zwei Beisetzungen auch zwei Grabmäler: eine Steinplatte und einen Obelisken.

Elena de F. Oliveira

So geht's zum Obelisken:

Das Grabmal des Fürsten Heinrich befindet sich am Ende der Straße, die zum Schloss Halberg hinaufführt.

Die Inschrift ist nur noch schwer lesbar: Hier wird dreier Gefallenen des Deutsch-Französischen Krieges gedacht.

24

40er-Grab

Ehrenmal der Verteidiger

Sie verteidigten die Stadt so gut sie konnten, doch gegen eine derartige Übermacht hatten sie keine Chance. Die Soldaten waren auf dem Rückzug vor den französischen Gewehrschützen und retteten sich über die Saar nach dem Rastpfuhl, einer Senke nördlich von Malstatt. Aber nicht alle schafften es, zahlreiche von ihnen fielen. An drei dieser Gefallenen aus der 5. Kompanie des Regiments Nr. 40 erinnert der Grabstein an der Eingangsseite der Notkirche in der Spichererbergstraße: *Hier ruhen drei bei der Verteidigung Saarbrückens am 2. August 1870 gefallenen 40er,* ist hier zu lesen.

Um den Hintergrund dieses Dramas zu verstehen, muss etwas weiter ausgeholt werden: Das Ziel des preußischen Ministerpräsidenten Otto von Bismarck (1815-1898) war es, ein deutsches Kaiserreich unter der Führung Preußens zu schaffen. Mit dem Deutsch-

Dänischen Krieg (1864) und dem Preußisch-Österreichischen Krieg (1866) hatte er bereits die Grundlage für die Vormachtstellung Preußens geschaffen: Im 1866 gegründeten Norddeutschen Bund hatte Preußen das Präsidium inne. Damit war die Frage des Dualismus – bis zu jenen Ereignissen hielten sich Österreich und Preußen die Waage – innerhalb des Deutschen Bundes (1815-1866) zu Ungunsten von Österreich-Ungarn entschieden.

Die süddeutschen Staaten Bayern, Baden und Württemberg gingen 1867 ein geheimes Schutz- und Trutzbündnis mit Preußen ein und sicherten sich damit gegenseitige militärische Unterstützung zu. Aus Bismarcks Sicht fehlte nur noch ein gemeinsamer Feind, um Deutschland zu einen. Und den fand er in Frankreich: Der spanische Thron war verwaist, das spanische Parlament bot dem Erbprinzen Leopold von Hohenzollern-Sigmaringen (1835-1905) die Kandidatur an. Daraufhin befürchtete Frankreich, durch Mitglieder des Hauses Hohenzollern sowohl auf dem preußischen als auch auf dem spanischen Thron eingekreist zu werden, und verlangte die Rücknahme der Kandidatur „auf alle Zeiten". Die entstehende diplomatische Krise nutzte Bismarck, um eine Unterstützung Preußens durch die süddeutschen Staaten hervorzurufen. Als Frankeich mobil machte und Preußen am 19. Juli 1870 den Krieg erklärte, trat der Bündnisfall ein.

Nun war Frankreich auf eine schnelle Offensive aus. Preußen und seine Verbündeten mobilisierten umfassend und benötigten mehr Zeit, um Truppen an die Grenzen zum westlichen Nachbarn zu verschieben. Daher war dieser schneller, rückte an der Saar vor und schlug als Erster zu: Am 2. August 1870 überschritten drei französische Divisionen, also mehrere Tausend Mann, die Grenze ins seit 1815 preußische Saarland. Sie rückten bis nach St. Arnual, auf den Winterberg, auf den Reppersberg, auf den Triller und bis zur „Bellevue", der als kleiner Exerzierplatz genutzt wurde, vor und beschossen von dort, wo heute noch der Lulustein steht (siehe Geheimnis 39), die beiden Straßenbrücken, den Bahnhof bei St. Johann und den Tunnel an der Trierer Straße, um den Rückzug der Preußen zu stören. In der Stadt lagen zwar preußische Soldaten in Garnison, sie waren aber mit maximal 500 Mann aussichtslos in der Unterzahl. Sie gehörten zum 40. Regiment der preußischen Füsiliere, die zusammen mit einem Ulanenregiment, also leichter Kavallerie, die Stadt verteidigten. Zwar gaukelten sie den Franzosen vor, hier lägen viele verschiedene Truppenverbände, aber diese ließen sich nicht von ihrer Offensive abbringen und drängten die preußischen Truppen zurück.

Während dieser Rückzugsgefechte fielen etliche Soldaten, auch die drei, derer hier am Grabstein gedacht wird. Aber schon am 4. August zogen sich die Franzosen aus Saarbrücken zurück, weil die preußische Armee anrückte, es kam am 6. August 1870 zur Schlacht auf den Spicherer Höhen, die Preußen für sich entschied. Carl Bleibtreu schreibt in *Spichern. Die Schlacht vom 6. August 1870* über den Einzug der preußischen Armee in die Stadt: „Die Bürger Saarbrückens, so nahe bedroht, vor vier Tagen vom gräulichen Grölen der Mitrailleusen umklirrt, thun in patriotischer Hingebung das Ihre." Und weiter: „Begeistertes Hoch der Bürger umbraust die durchmarschierenden Sturmsäulen, die mit donnerndem Hurrah antworten."

Unter großen Verlusten – die Franzosen hatten eine Defensivstellung errichtet – konnten die Franzosen zurückgedrängt werden, 82 der 40er fielen während der Schlacht, 351 wurden verwundet, 48 galten anschließend als vermisst. Dreier Verteidiger wurde hier an dem Grabstein stellvertretend für alle gedacht.

Das 40. Regiment, später „Hohenzollernsches Regiment" genannt, verteidigte die Stadt und half später, sie zurückzuerobern. Zwar blieb die Schlacht an den Spicherer Höhen militärisch unbedeutend – sie war von der preußischen Generalität nicht gewollt und nur durch glückliche Umstände gewonnen worden –, doch als erstes Gefecht des Krieges, der das Deutsche Kaiserreich begründete, hatte sie große moralische und propagandistische Bedeutung im Reich.

Mike Durlacher

So geht's zum 40er-Grab:

Das Grab der drei 40er befindet sich bei der Notkirche an der Spichererbergstraße 79.

Diese Betonstreifen fassten einst Schienen, auf denen sich mächtige Kräne bewegten.

25

Schienen

Mit der Kohle kam die „Kohle“

Schnurgerade verläuft der Betonstreifen entlang des Weges – rechts und links ist er ein wenig höher als in der Mitte. Die meisten gehen achtlos daran vorbei, doch tatsächlich steht seine Unauffälligkeit in diametralem Verhältnis zu der Bedeutung, die er einst für seinen Standort hatte. An diesem befand sich nämlich der Saarbrücker Kohlehafen, günstig auf einer Halbinsel gelegen, die im Zuge der Saarkanalisierung 1866 durch Begradigung der Saar und teilweise Verfüllung des alten Saarbogens geschaffen wurde. Bereits 1608 sei ein Kohleverladeplatz an diesem Saarbogen urkundlich nachweisbar: „der Kohlrech“, später „die Kohlwaag“ genannt und zugleich „Zollstelle“, das heißt Steuerkasse für die Landesherren, wie Werner Spilker und Rudolf Saam in ihren Beiträgen zum Jubiläumsband *Saarbrücken 50 Jahre Großstadt 1909-1959* berichten.

Neben einer Hochgleisentladung vom Güterwaggon über Rutschen zu den im Hafenbecken liegenden Kähnen gab es saarseitig eine

Kranverladung, wo die Kohle von einer bis zu 60.000 Tonnen fassenden, lang gestreckten Kohlehalde durch drei mächtige Kräne zu den am Saarufer festgemachten „Penichen" gehoben wurde. Diese warteten darauf, die wertvolle Fracht nach Paris, Lyon oder über Straßburg nach Süddeutschland oder in die Schweiz bringen zu können. Und hier kommen die heute noch im „Bürgerpark" sichtbaren Betonstreifen ins Spiel: Diese fassten die Schienen ein, auf denen die Kräne fuhren. Dadurch, dass sie parallel zur Wasserstraße verliefen, konnte jeder Kran mühelos mehrere hintereinander liegende Schiffe beladen.

Aufgrund zweier frühgeschichtlicher Fundstücke darf angenommen werden, dass der Kohlebergbau an der Saar weit zurückreicht. Beide Male war es eine Dame – die man ja eher weniger mit Bergbau in Verbindung bringen würde –, dank derer sich das belegen lässt: Schon in der keltischen Zeit soll danach Kohle abgebaut worden sein. In den 1980er-Jahren wurde ein Hügelgrab gefunden – und in diesem eine geschnitzte Kohlenperle, bei der es sich wohl um eine Grabbeigabe für eine Frau handelte. Auch davon, dass in römischer Zeit Kohle gewonnen wurde, zeugen ein Grab und ein Schmuckstück: ein „Gagat-Ring" aus geschliffener Kännelkohle für eine weibliche Hand.

Ab dem Mittelalter gibt es dann auch schriftliche Quellen für den Kohleabbau, genauer: ab dem Jahr 1371. Damals gestattete Kaiser Karl IV. (1316-1378) dem Grafen Johann von Nassau-Saarbrücken (1309-1371) den Bergbau. Wobei man sich diesen Erwerbszweig zur damaligen Zeit noch nicht allzu groß vorstellen darf, denn man baute mit jeweils wenigen Leuten die Kohle nur in relativ oberflächennahen Mulden ab und auch nicht in großen Mengen. Wie Paul Burgard berichtet, „blieb der saarländische Bergbau bis weit ins 18. Jahrhundert hinein ein mit primitiven Mitteln betriebenes Nebengeschäft".

Doch die Zeiten änderten sich. Ab 1742 regierte Fürst Wilhelm Heinrich von Nassau-Saarbrücken (1718-1768) in der kleinen linksrheinischen Grafschaft. Der junge Fürst verfolgte eine absolutistische Wirtschaftspolitik, durch die sein und der allgemeine Wohlstand gefördert werden sollten, und zwar mittels zweckmäßigerer Landwirtschaft und eines enormen Aufschwungs im Eisenhüttenwesen und vor allem im Kohlebergbau. Der Fürst monopolisierte die ganze Sache gewissermaßen: Unter Berufung auf das alte Recht, wonach Bodenschätze im Eigentum des Landesherrn stehen, durfte ab 1751 niemand mehr ohne Konzession und Pachtvertrag Kohle abbauen oder verkaufen. Wilhelm-Heinrich war es auch, der dafür sorgte, dass die Kohle zum Exportgut wurde. Da seit Einführung des Stollenbaues viel mehr Kohle gewonnen wurde, als man vor Ort verbrauchte, gelangte zunehmend Geld in die staatlichen Kassen, das aber nie ausreichte, um die Lebens- und Baulust des Fürsten ausreichend zu finanzieren.

Transportiert wurde die Kohle sowohl über Land als auch auf dem Wasser. Im Jahre 1766 gab es zwölf Gruben mit erst wenigen Hundert Bergleuten in der Saargegend. Die Bergleute hatten sogar ihre eigene Sozialkasse. Im Jahr 1769 war die sogenannte Bruderbüchse entstanden, aus welcher später die Saarknappschaft hervorging. Im Jahre 1790 wurden 50.000 Tonnen Kohle gefördert.

Im Ersten Koalitionskrieg (1792-1797) eroberten französische Revolutionstruppen das linksrheinische Gebiet des Heiligen Römischen Reichs Deutscher Nation, 1798 wurde es von Frankreich annektiert und als „Département de la Sarre“ verwaltet. Als die Saargegend nach dem Sieg der Koalition über Napoleon im Jahr 1815 wieder deutsch geworden war, erlebte der Kohlebergbau einen weiteren Aufschwung: Nun setzte Preußen Dampfmaschinen ein. Neue, durch Schachtanlagen weit tiefer abbauende Bergwerke wurden gegründet. Im Zuge dessen wuchs auch die Bevölkerung: Rund 5.000 Menschen arbeiteten Anfang der 1820er-Jahre im Kohlebergbau.

Als dann 1852 Saarbrücken und sein Umland von der Eisenbahn erschlossen und dadurch mit Berlin und Paris verbunden war, gab es wegen der steigenden Nachfrage der Eisenhütten und des Kohlebedarfs der Eisenbahnen einen langanhaltenden Aufschwung. 1860 wurden zwei Millionen Tonnen Kohle von 11.000 Bergleuten gefördert. Und der Boom im „preußischen Kalifornien“ war noch nicht zu Ende: Der Saarkanal, an dem der Alte Hafen lag, wurde 1866 eröffnet, und nun konnte man die Kohle mit Kähnen zu je 300 Tonnen statt zuvor nur je 40 Tonnen auf dem Wasser transportieren. Die damit einhergehende Entwicklung war enorm. Sie führte dazu, dass man immer mehr Arbeitskräfte aus der Umgebung brauchte, weil die Anzahl der altansässigen Saarbrücker Bergleute und anderer Arbeitskräfte den Bedarf längst nicht mehr deckte. Arme Bauernkinder aus dem Hunsrück, der

Pfalz, der Eifel und aus Lothringen zogen her, um als Bergleute der königlich-preußischen Saargruben oder in anderen Gewerben ihr Brot zu verdienen. Ein Jahr vor Ausbruch des Ersten Weltkriegs arbeiteten hier knapp 57.000 Bergleute, die – so Dr. Ing. Waechter in einer Rückschau – aus 34 Schachtanlagen 13,2 Millionen Tonnen Kohle gefördert hätten. Nach dem Ersten Weltkrieg waren die Saargruben infolge des Versailler Vertrags 15 Jahre lang Eigentum Frankreichs. 1935 kam das Saargebiet durch eine Volksabstimmung wieder an das Deutsche Reich, das die Gruben von Frankreich zurückkaufen musste. Während des Zweiten Weltkriegs ging der Bergbau trotz Einsatzes von Zwangsarbeitern und Kriegsgefangenen zurück, und auch die Zeit des Alten Hafens ging schleichend zu Ende, das Hafenbecken verschlammte, weswegen – so Spilker – man dazu habe übergehen müssen, „400 Meter Kailänge an der offenen Saar" zum Verladen zu nutzen.

Heute scheint es kaum noch vorstellbar, dass hier im Kanal einst ein Saarkahn neben dem anderen lag und dass die Kräne die Kohle massenweise von den Halden in die Kähne hievten. Um es in Zahlen zu sagen: In der Zeit zwischen den beiden Weltkriegen konnten über 200 Lastkähne gleichzeitig im Hafenbecken und an den innerstädtischen Saarufern festmachen. Die Zeit des Schiffsabsatzes der Saarkohle ist Vergangenheit; die Steinkohleförderung im Saarland ist seit 2012 beendet. Die Saarbergwerke AG übergab 1957 das Gelände der Hafeninsel für einen symbolischen Betrag an die Stadt Saarbrücken. So konnte es in die Neugestaltung des Stadtzentrums einbezogen werden: Congresshalle, Agentur für Arbeit und Landeszentralbank wurden hier errichtet. Den größten Teil nimmt aber der „Bürgerpark" ein, der noch manch andere Relikte der Hafenära birgt.

Eva-Maria Bast

So geht's zu den Schienen:

Diese verlaufen saarabwärts vor der Congresshalle. Die Adresse der Congresshalle ist Hafenstraße 12.

Michael Sander weiß, warum diese schöne Rosette an einer Dudweiler Hausfassade hängt.

26

Straßenbahnrosette

Aufhängung mit Verwechslungsgefahr

Wer sucht, der findet. Und wer gründlich genug sucht, findet auch sie: Straßenbahnrosetten. Denn so einfach sind diese gar nicht zu entdecken. Meist hängen sie zwischen dem ersten und zweiten Stock, sind aus Eisen und relativ klein. Beinahe 60 Jahre lang verrichteten die Haken für die Oberleitungen der elektrischen Straßenbahn mit den verzierten Grundplatten ihren Dienst im Saarbrücker Stadtteil Dudweiler.

In Saarbrücken beginnt die Geschichte dieses Verkehrsmittels Ende 1890, als in St. Johann eine dampfbetriebene Straßenbahn ihren Betrieb aufnahm. Zwei Jahre später gründete sich die Gesellschaft für Straßenbahnen im Saartal AG (GSS). 1899 stieg die Bahn in St. Johann auf Strom um und erweiterte 1901 ihre Linie bis Friedrichsthal. „Und so fuhr die Straßenbahn durch das Sulzbachtal eben auch durch Dudweiler“, berichtet der ehemalige stellvertretende Leiter des Landesarchivs Michael Sander. Mit Strom wurde die Bahn durch Oberleitungen versorgt. Für Masten war in den Straßen kein Platz, außerdem hätten diese nicht unbedingt zu einer schönen Optik beigetragen. Also entschied sich die GSS dafür, die Leitungen an Haken zu befestigen, die an den Hauswänden angebracht wurden. Und damit diese Haken etwas hermachten, verzierte man sie mit Rosetten. „Eine besonders schöne Rosette hängt an der Apotheke ‚Klein'", erklärt Sander. „Hier fuhr die Straßenbahn zweigleisig, es musste also für zwei Bahnen Oberleitungen geben." Dabei darf man die Straßenbahnrosetten nicht mit den „gewöhnlichen" Haken an den Hauswänden verwechseln, die die Aufhängung und Verdrahtung der Straßenbeleuchtung hielten. Die Straßenbahn war sehr beliebt, überstand zwei Weltkriege, wenn sie auch im zweiten schwer beschädigt wurde. Das Aufkommen von Dieselbussen und später O-Bussen nach dem Zweiten Weltkrieg läutete ihr Ende ein. Diese Busse waren günstiger und vielseitiger einsetzbar.

Die Rosette.

Am 10. Mai 1959 fuhr die letzte Straßenbahn durch Dudweiler. Die Straßenbahnrosetten blieben allerdings an Ort und Stelle, sie zu entfernen, hätte die Wände beschädigt.

Die Haken mit ihren schmückenden Rosetten haben zwar ausgedient, man findet sie aber noch an vielen Fassaden in der Stadt, wo sie stumm von dem einst so beliebten Beförderungsmittel künden.

Mike Durlacher

So geht's zu der Straßenbahnrosette:

Sie befindet sich an der Apotheke „Klein" am Marktplatz in Dudweiler.

Carmen Dams kann einiges über die Entstehung des Gartens und des Zauns erzählen – und sie kennt auch die Geschichte der Buchstaben, die aus dem Zaun herausgestanzt sind.

27

Zaun

Eine Erinnerung an die Ewigkeit

Der Blick bleibt an einem der Zaunpfähle hängen. Da ist doch ein Buchstabe herausgestanzt! Und dort hinten noch ein weiterer? Tatsächlich: Hier ist ein *E* zu sehen, dort ein *i*, ein paar Zaunlatten weiter ein ganzes Wort: *tausend*. An der Ecke Trierer Straße/Faktoreistraße kann man im Zaun sogar kleine Vögelchen zu entdecken. Das etwa 1,70 Meter hohe Stahlgebilde umfasst eine kleine grüne Oase. Einige Bänke säumen den Kiesweg, der hindurchführt. „Das ist eine Arbeit des Künstlers Christian Cordes. Er war ein Schüler von Jochen Gerz an der Hochschule der Bildenden Künste hier in Saarbrücken", erzählt die Amtsleiterin für Stadtgrün und Friedhöfe, Carmen Dams. Gerz hat unter anderem das „Unsichtbare Mahnmal" am Schlossplatz geschaffen.

Setzt man die einzelnen Buchstaben und Worte, die aus dem Zaun herausgeschnitten sind, zusammen, ergibt sich folgende Inschrift: *Es ist wohl tausend und mehr Jahre*. Dieses Zitat stammt aus dem Märchen *Die Drei Vögelchen* der Gebrüder Grimm, die kleinen Piepmätze weisen darauf hin. Das Mahnmal erinnert an die geologische Sammlung der Saarbergwerke, die Jahrtausende alte – hier stellt das Zitat die Verbindung her – Stücke enthielt und in dem alten Gebäude gleich hinter dem Garten untergebracht war. Denn unter Tage entdeckten die Saarbrücker Bergleute nicht nur das begehrte schwarze Gold, sondern auch Fossilien. Rund 300.000 Stücke davon finden sich in der Sammlung, die mittlerweile im Lampensaal der ehemaligen Grube Reden in Landweiler-Reden ausgestellt wird. Darunter gibt es zum Beispiel den „Arthropleura armata", einen Riesen-Tausendfüßler aus dem Saar-Karbon, aber auch viele Abdrücke von Pflanzen.

Eines der drei Vögelchen aus dem Grimm'schen Märchen, auf das hier Bezug genommen wird.

Die Grünfläche, die der Zaun begrenzt, war früher nur etwa halb so groß, die andere Hälfte nahm ein Gebäude ein. Im Gartenbereich spielten sich allerdings „unschöne Dinge ab", wie Carmen Dams es bezeichnet. Deshalb und aus stadtgestalterischen Gründen sowie zur Klimaanpassung entschied sich die Landeshauptstadt Saarbrücken, das Gebäude abzureißen und eine großzügige Grünanlage anzulegen. „Die Anlieger sprachen sich aber dafür aus, die Anlage einzufrieden und nachts abzuschließen, damit das ungewollte Treiben nicht wieder einzieht", so Carmen Dams. Diese Aufgabe soll der Zaun erfüllen. Damit er aber auch hält, was er verspricht, nämlich Schutz, sollte ein Statiker die Haltbarkeit der Konstruktion gewährleisten – was bei einem Zaun dieser Höhe auch Vorschrift ist. „Jener Statiker war ein Bekannter von Cordes", erklärt die Amtsleiterin.

Der Rest ist Geschichte: Der Statiker und der Künstler steckten die Köpfe zusammen, und 2016 wurde schließlich der neue Garten samt Zaun der Öffentlichkeit übergeben. Und mit ihm der Wolfgang-Staudte-Platz. Eine Besonderheit neben dem Zaun ist der Blauglockenbaum, der hier steht.

„Durch den Klimawandel geht es Platanen in unseren Gefilden nicht mehr so gut, es ist ihnen zu warm, Krankheiten wie Pilzbefall machen ihnen zu schaffen", erklärt die Expertin. Der wunderschön blau blühende Baum hingegen ist an warme und trockenere Standorte angepasst und eignet sich deshalb hervorragend für den Platz. Der Namensgeber des Platzes, ein gebürtiger Saarbrücker, war einer der wichtigsten deutschen Filmregisseure der Nachkriegszeit. Als Antifaschist, der sich gnadenlose Vergangenheitsbewältigung und Sozialkritik auf die Fahnen schrieb, war er mit Filmen wie *Herrenpartie, Rosen für den Staatsanwalt, Rotation* und *Der Untertan* schnell als „politischer Kindskopf" oder „verwirrter Pazifist", wie der *Spiegel* schrieb, abgestempelt. Nach *Herrenpartie*, dem letzten Film, den er nach eigener Aussage „machen wollte", zwang ihn seine finanzielle Lage dazu, Filme zu machen, die er „zu machen hatte". Er „bekommt zwar Regieaufträge für den ‚Kommissar' und den ‚Seewolf', doch für zeitkritische Satiren ist die Zeit immer noch denkbar schlecht", wie Lina Schneider in *Die Zeit* im Artikel *Der Skandal Staudte* anlässlich von dessen Tod am 19. Januar 1984 schrieb.

Inzwischen hat sich die Meinung über den Regisseur stark geändert. Vielleicht diskutiert ja der eine oder andere Besucher, der es sich im Garten mit dem Namen „Wolfgang-Staudte-Platz" gemütlich macht, über den Namensgeber. Oder er schwelgt unter dem Blauglockenbaum in Erinnerungen an Grimm'sche Märchen: Es war einmal ...

Mike Durlacher

So geht's zum Zaun:

Der Zaun befindet sich an der Ecke Trierer Straße / Faktoreistraße.

Fenstergewände

Ritterliche Krankenpflege

Ein Fenster ist ein Fenster ist ein Fenster – könnte man angesichts der fünf länglichen verglasten Öffnungen meinen, durch die das Licht in die Deutschherrenkapelle fällt. Ihre Gestaltung gibt zu erkennen, dass sie schon viele Jahrhunderte an Ort und Stelle sitzen. Nach oben hin laufen die steinernen Gewände, sprich die Umrahmungen, die die Fenster einfassen, in typisch gotischer Form spitz zu. Das Maßwerk, die ornamentale Struktur innerhalb der äußeren Bögen, gestaltet den oberen Teil der Fenster. Das sieht zwar schön aus, ist aber nur indirekt der Grund, weshalb sie etwas Besonderes sind – oder vielmehr: Teil von etwas Besonderem.

Kunsthistoriker und Architekt Prof. Dr. Josef Baulig kennt sich nicht nur aufgrund seiner Lehrtätigkeit als Professor für Baugeschichte, sondern auch als ehemaliger Leiter des Landesdenkmalamts Saarland mit der Deutschherrenkapelle sehr gut aus. „Dieser Ort, an dem wir uns jetzt befinden, ist eine der ältesten Siedlungsstellen, die wir, auf das heutige Stadtgebiet bezogen, in Saarbrücken haben", umreißt er zunächst die historische Bedeutung.

Als die Kapelle nebst Ordenshaus und Wirtschaftsgebäude in der ersten Hälfte des 13. Jahrhunderts errichtet wurde, lag das Areal fernab des Siedlungskerns. „Dieser befand sich vor der Burg – dem damaligen Vorgängerbau des heutigen Schlosses – und war mit einer Stadtmauer umfriedet", veranschaulicht Josef Baulig die räumliche Situation. „Alles andere in der näheren Umgebung war zu jener Zeit Weide- und Ackerland."

1227 kam das Gelände, das heute das Jugendhilfezentrum beheimatet, in den Besitz des Deutschen Ordens. „Graf Simon hat die Deutschherren gewinnen können, nach Saarbrücken zu kommen und sich hier niederzulassen", fährt der Bauhistoriker fort. Eine Schenkungsurkunde belegt, dass Simon III. (gest. um 1235),

Prof. Dr. Josef Baulig zeigt hinauf zu einem der Fenster am Chor der Deutschherrenkapelle.

seit 1207 Graf von Saarbrücken, dem Ritterorden „einen Platz zum Bau eines Hauses“ vermachte. „[D]azu vier Joch Rinder, d.h. acht Ochsen und genügendes Land zum Ackerbau [...]. Außerdem [...] ein Stück Land zu Anlage eines Krautgartens und ein Wasser zum Fischen [...].“ Überdies erhielt der Orden einen „Obstgarten nahe bei der Pforte und zehn wilde Pferde mit einem Hengst und Weide“.

Durch Schenkungen, Stiftungen und Erbschaften verfügten die Deutschherren im Lauf der Zeit über riesige Besitztümer. Der Ursprung der Entstehung ihres Ordens liegt in der Anfangszeit der Kreuzzüge. Nach dem Vorbild der Templer und Johanniter war der geistliche Ritterorden 1198 aus einem acht Jahre zuvor entstandenen Krankenpflegeorden hervorgegangen.

Während eines Kreuzzugs machte Graf Simon mit den Deutschherren Bekanntschaft. Von 1217 bis 1219 nahm er am fünften Kreuzzug teil. Dabei zog er sich vermutlich Verletzungen zu und wurde von den Ordensmitgliedern gesund gepflegt. Seine Schenkung könnte daher auch durch Dankbarkeit motiviert gewesen sein, ganz uneigennützig war sie aber sicher nicht. „Die Intention des Grafen war, die Deutschherren zu gewinnen, um hier so etwas wie Alten- und Krankenpflege vorzunehmen“, erläutert Josef Baulig.

Da Simon nach seinem Tod um 1235 zwar Töchter, aber keinen männlichen Nachkommen hinterließ, fiel die Grafschaft an den Lehnsherrn, den Bischof von Metz, zurück, der die Schenkung im Jahr darauf bestätigte. Ab 1236 manifestierte sich die Deutschherrenkommende St. Elisabeth dann wohl auch in Form des dreiteiligen Gebäudeensembles, dessen Bauzeit bis 1248 andauerte. Die „Kommende“ stellte in der Organisationsstruktur des Ordens die kleinste Einheit dar. Ihr Name ging auf die kurz zuvor heiliggesprochene Markgräfin Elisabeth von Thüringen (1207-1231) zurück, die als Patronin der Caritas, der Wohltätigkeit und Fürsorge, galt.

Von den drei Gebäuden, die die Deutschherren errichteten, stammt nur noch die Kapelle original aus dem 13. Jahrhundert. „Allerdings nicht der Turm!“, betont Josef Baulig. Zwar gab es einen solchen von Anfang an, er wurde aber „1862 angebrochen und durch einen neugotischen, zinnenbewehrten Turm ersetzt“, schreibt der Theologe Joachim Conrad in *Burgen und Schlösser an der Saar.*

„Der Turm, wie wir ihn heute sehen, ist also sowohl substanziell als auch formal ganz klar ein Relikt aus dem 19. Jahrhundert“, fasst der Bauhistoriker zusammen.

„Die älteste Bausubstanz, die wir hier vorfinden, ist der Bereich des Chors“, stellt Baulig fest. „Der ist, wie man anhand der Stilistik erkennen kann, in der damaligen Architekturmode der Gotik errichtet worden, also ganz typisch für diese Zeit.“ In einer zweiten Bauphase sei das Gotteshaus dann um das Kirchenschiff im Westen erweitert worden. „Diese Differenzierung lässt sich an der Baunaht, wenn Sie so wollen, sehr schön erkennen“, sagt der Experte. Von außen präsentiert sich die Fassade des Schiffs hell und flächig und hebt sich damit vom Mauerwerk des Chors ab. Auch die „sehr schlichte, kubische Bauweise“, so Baulig, unterscheidet den Bereich des Saals von dem des Chors. Innen bilden sie zwar einen großen, durchgängigen Raum, dieser wurde aber, den verschiedenen Bereichen entsprechend, auf zweierlei Weise genutzt. „Vermutlich hat man hier einfach mit Stoff eine räumliche Trennung geschaffen“, schildert der Bauhistoriker das Vorgehen. „Im Kirchenschiff wurde eine Art Hospital eingerichtet, in dem die Krankenpflege stattfand; im Chor wurde die Messe gefeiert. Dadurch bestand hier eine Verbindung von sakraler Nutzung und sozialer Fürsorge.“ Von ihren Lagerstätten aus konnten die Patienten somit akustisch – und wenn die Vorhänge beiseite gezogen waren, auch optisch – die Messe miterleben. Sabine Wetzel schreibt dazu in ihrer Abhandlung *Vom Deutschhaus zum Jugendhilfezentrum*: „Im Mittelalter hielten die Menschen Krankheit für eine Prüfung Gottes. Sowohl bei der Genesung, als auch beim Sterben suchten sie seine Nähe.“ Vor dem Hintergrund, dass es zu jener Zeit noch keine Medizin im heutigen Sinne gab, ist davon auszugehen, dass viele der Kranken in der Deutschherrenkapelle im Angesicht Gottes auch starben.

Erst im 18. Jahrhundert erfolgte wohl eine Trennung von Chor und Kirchenschiff durch eine gemauerte Wand, die erst 1935 bei Renovierungsarbeiten wieder entfernt wurde. Bis dahin hatte sich auf dem Gelände der Deutschherrenkommende einiges verändert.

Von Anfang an war die Niederlassung der Deutschherren recht bescheiden gewesen. So sind für das Jahr 1267 nur zwei Ordensritter bezeugt. Mitte des 16. Jahrhunderts wurde das Wohnhaus zwar durch den Komtur Geiselbart von Schmidburg (gest. 1576) neu errichtet, da hatte der Niedergang aber schon eingesetzt. Als 1575 die Reformation in Saarbrücken Einzug hielt, wurden katholische Messen in der Kapelle untersagt. 1618 verstarb der letzte Komtur der Kommende St. Elisabeth bei einem Jagdausflug. Infolge der Französischen Revolution wurde das Gut 1793 konfisziert und 1806 parzellenweise an Privatleute versteigert. 90 Jahre später gelangte die ehemalige Kommende schließlich in den Besitz der Stadt, woraufhin das Waisenhaus dort Einzug hielt (siehe Geheimnis 42).

Während all dieser Jahre veränderte sich der Baubestand fortwährend: Gebäude wurden geplündert, abgerissen, wiedererrichtet, renoviert, dem jeweiligen Geschmack der Zeit angepasst. Die Deutschherrenkapelle jedoch blieb in ihren Grundfesten aus dem 13. Jahrhundert erhalten und birgt somit die älteste Bausubstanz der Stadt. „Damit ist sie das älteste sakrale Gebäude im heutigen Stadtgebiet Saarbrückens“, hebt Josef Baulig hervor, „sogar noch älter als die Stiftskirche in St. Arnual.“ Denn als deren Bau 1280 begonnen wurde, war die Deutschherrenkapelle bereits fertig.

Von dieser einzigartigen Bausubstanz zeugen auch die Gewände der Fenster, durch die nicht nur die Ordensmitglieder der Deutschherren, sondern auch die Kranken einen Blick in den Himmel erhaschen konnten – vielleicht war es bei manchen von ihnen sogar der letzte. So viel der Zahn der Zeit auch an Veränderungen mit sich gebracht haben mag: Durch diese Fenster ist immer noch derselbe Himmel zu sehen wie schon vor 800 Jahren.

Elena de F. Oliveira

So geht's zu den Fenstergewänden:

Sie befinden sich am Chor der Deutschherrenkapelle in der Pfählerstraße 2.

Schön und irgendwie verwunschen sieht die Ruine der Aschbachkirche aus.

29

Ruine

Ein Ort für Ausgestoßene

Geht man an den Aschbachteichen entlang, kann sich die Vorstellungskraft hier ungezügelt den gruseligsten Bildern hingeben: Nebelschwaden, die über die Wiese wabern, eine gedämpft tönende Kirchenglocke, irgendwo bellt ein Hund. Doch obwohl es hier zum Glück nicht so oft neblig ist, bleibt die Geschichte des Ortes düster. Denn die Ruine, die an dieser Stelle so unvermittelt auftaucht, zeugt, neben einem Wegkreuz weiter vorne im Wald, vom untergegangenen Dörfchen Aschbach, seiner Kirche und seiner Geschichte.

Die Siedlung gehörte zum Kirchspiel Gersweiler und war seit 1312 im Besitz des Stifts St. Arnual, das es von den Grafen von Nassau-Saarbrücken erworben hatte. Zu diesem Zeitpunkt gab es die Kirche bereits, denn obwohl sie erst 1312 erwähnt wird, lassen Architektur und Ausgrabungen vermuten, dass sie bereits in der ersten Hälfte des 12. Jahrhunderts entstand. Im 14. Jahrhundert wurde die Kirche umgestaltet, es kamen gotische Elemente hinzu, zum Beispiel ein Spitzbogen. Diesen Aufwand betrieben die Aschbacher, da die Aschbachkirche das einzige Gotteshaus in der Gegend war und die Bewohner von Gersweiler und Ottenhausen sie zusammen mit den Aschbachern nutzten. Mit der Reformation wurde die Kirche etwa 1575 evangelisch, verlor aber durch den Kirchenneubau in Gersweiler an Bedeutung.

Anfang des 17. Jahrhunderts hörte Aschbach auf zu existieren, es finden sich keinerlei Nachrichten mehr über das Dorf. Es wird vermutet, dass ein großes Feuer die Siedlung zerstörte und die Überlebenden in andere Dörfer zogen. Das Dorf bestand zur Zeit seines Untergangs laut den Aufzeichnungen *Erläuterungen zum geschichtlichen Atlas der Rheinprovinz* des Historikers Wilhelm Fabricius' aus dem „Aschbacher Hof mit der alten, später verfallenen Kirche, sowie d[en] jüngeren Gründungen, Krughütte und Teil von Klarenthal, Ziegelhof". Der Ziegelhof, bereits seit 1252 bezeugt, stand ebenso wie die Hütten der Aschbacher auf der anderen Seite des Aschbachs am Hang. Das könnte auch erklären, warum die Kirche das Feuer überstand, das Dorf aber nicht.

Das Wegkreuz erinnert an das einstige Dörfchen Aschbach.

Bald nach dem Verschwinden des Dorfes sollte sich die Kirche – ihre Glocke war inzwischen in das Gotteshaus in Gersweiler umgezogen - wieder mit Leben füllen, wenn auch nicht so, wie von den Erbauern vorgesehen. Denn im Dreißigjährigen Krieg (1618-1648) kam der Schwarze Tod in die Region: „Inzwischen hatte sich aber ein anderer, weit furchtbarerer Feind eingeschlichen, die Pest, welche dieses Mal wirklich ausbrach, nachdem sie bereits seit 1630 in Lothringen und anderwärts grassirt hatte", schreibt Adolf Köllner 1865 in seiner *Geschichte der Städte Saarbrücken und St. Johann*. In St. Johann habe die Pest sogar so schlimm gewütet, dass „[n]iemand mehr in die Kirche gegangen, daher der Gottesdienst im Freien gehalten worden sei", schreibt Köllner weiter, und „die Kranken seien zum Theil ins Lazareth nach Aschbach gebracht worden, von wo die Halbgenesenen sich in den Koben in Tiefenthal begaben, woselbst sie sich Hütten erbaut hätten". In dem halb verfallenen Gebäude der Aschbachkirche, das notdürftig hergerichtet wurde, siechten die von dieser unheilbaren Krankheit Betroffenen dahin, der ein Drittel der europäischen Bevölkerung zum Opfer fiel.

Kaum war die Epidemie überstanden, mieden die Menschen den Ort, er wurde als „Pestkirche" bezeichnet. 1666 ließ Graf Gustav von Nassau-Saarbrücken (1632-1677), nachdem er das Gelände erworben hatte, dort einen Hof errichten, aber selbst über die Jahrhunderte wollte dieser Ort nicht mehr florieren. Heruntergewirtschaftet, versteigert, privatisiert, als Wohnort genutzt, im Deutsch-Französischen Krieg (1870/71) beschädigt und wieder als Wohnhaus genutzt: Schließlich ließ die Gersweiler Gemeinde das Gebäude 1966 abreißen.

Nur noch die Mauerreste zum Feldweg hin zeugen von dem kleinen Örtchen, das von der Erdoberfläche verschwand, und von seiner Kirche, von der immerhin noch ein paar Steine übrig geblieben sind.

Mike Durlacher

So geht's zur Ruine:

Die Reste der Ruine der Aschbachkirche befinden sich in der Nähe der Aschbachteiche in der Straße Am Sprinkshaus 10.

30

Streichholzbäume

Vergessene Eichen

Die Eiche steht für Stärke, Beständigkeit und Männlichkeit. Die Germanen verehrten sie, Eichenlaub findet sich auf militärischen Rangabzeichen und umkränzt das Haupt der Germania. Der Baum hat ein besonders hartes Holz und sein Laub fällt erst spät im Jahr. „Im Freistand, also wenn die Eiche nicht Teil einer Baumgruppe ist, kann ihr Stammumfang bis zu acht Meter erreichen“, sagt Frank Schilling, Mitglied des Burbacher Kulturvereins. Dann zeigt er auf einige Eichen in der Nähe des Naturfreundehauses bei Kirschheck und ergänzt: „Diese hier sind aber bedeutend dünner, im Vergleich zu den mächtigen Artgenossen fast streichholzdünn. Das hängt zum einen mit ihrem Alter zusammen, zum anderen aber auch mit Vergesslichkeit.“

Die Wälder in Deutschland hatten während und nach dem Zweiten Weltkrieg gelitten. War davor noch vergleichsweise nachhaltig Holz geschlagen worden, ordnete die nationalsozialistische Regierung in den 1930er-Jahren eine bis zu 50-prozentige Erhöhung der Abholzungsquote für die Rüstung oder Produktion von Ersatzstoffen an. Kahlschlag war das Resultat. Besonders heiße Nachkriegssommer begünstigten das Wachstum des Borkenkäfers, eines Schädlings, der sich in die Borke – daher der Name – frisst und den Baum schwächt. Und schneereiche Winter brachen die kranken Bäume. Es gab also viel aufzuforsten in den deutschen Wäldern.

Um die Wälder wieder gesund zu bekommen, wurde kontinuierlich aufgeforstet. Die sehr dünnen Eichen in diesem Waldstück sind etwa 40 Jahre alt. Dieses Alter erscheint merkwürdig, denn dann müssten die Stämme der Eichen bedeutend dicker sein, die Bäume hier sind aber gerade einmal maximal zehn Zentimeter dick. „Und so hoch, wie sie in dem Alter sein sollten, sind sie auch nicht“, sagt Frank Schilling und deutet zu den Baumkronen. Das hänge damit zusammen, dass die Bäume zu eng beieinander stünden, so der Saarbrücker. Normaler-

Frank Schilling kann die Bäumchen beinahe mit einer Hand umfassen.

weise werden bei der Eichenzucht die Setzlinge relativ eng in einer Reihe gepflanzt. Aber sobald sie eine bestimmte Größe erreicht haben, trennen die Forstleute sie voneinander und pflanzen sie an anderer Stelle wieder ein. „Das scheint hier aber nicht der Fall gewesen zu sein, denn sie stehen immer noch sehr dicht beieinander. Es wurde vergessen, sie zu vereinzeln", zeigt Frank Schilling die Ursache für das mäßige Wachstum auf. „Dadurch haben sie sich gegenseitig das Licht weggenommen und konnten nicht so raumgreifend und gut wachsen."

„Es wurde vergessen, sie zu vereinzeln. Dadurch haben sie sich gegenseitig das Licht weggenommen und konnten nicht so raumgreifend und gut wachsen."

Dass es sich hier nicht um junge Bäume oder gar Pionierpflanzen – also Pflanzen, die neue Gebiete zuerst besiedeln – wie Birken handelt, kann man an ihrer Rinde erkennen. Denn obwohl sie so dünn sind, haben sie nicht wie junge Eichen eine schwach grau-grüne und glatte Rinde, sondern eine tief längsrissige grau-braune. Aber nicht ihr Umfang, sondern auch ihre Höhe verrät, dass sie nicht ihr volles Potenzial entwickeln konnten, die Bäume sind gerade einmal etwa zehn Meter hoch und reichen damit kaum über den nahe gelegenen kleinen Fuji (siehe Geheimnis 41) hinaus. Wie Streichhölzer ragen sie aus dem Erdboden, dünn und lang, bekrönt mit einem grünen Köpfchen. Wären sie vereinzelt worden, wären sie heute groß und mächtig, wie es sich für Eichen gehört.

Mike Durlacher

So geht's zu den Streichholzbäumen:

Die Bäume befinden sich versteckt im Waldschutzgebiet Steinbachtal / Netzbachtal beim Naturfreundehaus bei Kirschheck. Vom dortigen Parkplatz sind sie zu Fuß zu erreichen, wenn man etwas bergab geht, den ersten Weg, der rechts abzweigt, einschlägt und diesem ungefähr zehn Minuten folgt.

Die Inschrift ist kaum noch zu entziffern. Sie erinnert an einen tragischen Todesfall.

31

Mottelstein

Erinnerung an eine treue Seele

Aufgeregt laufen die Menschen zusammen. Über dem Frühling, der sich so verheißungsvoll über Saarbrücken ausgebreitet hat, liegt mit einem Mal ein großer, dunkler Schatten. Ein eisiger Hauch des Entsetzens bemächtigt sich derer, die sich an jenem Tag unweit der Kohlwaag am alten Saarhafen aufhalten. Eine Leiche wurde angespült! Es ist ein Mann, ganz jung noch, gerade 18. Man kennt ihn, stand er doch beim Fuhrunternehmer Johann Hirsch in Lohn und Brot, aber seit ein paar Tagen hat man ihn nicht mehr gesehen. Und nun hat der Fluss seine Leiche angespült. Dieser Mann ist Model Marx Cahen (1792-1810), genannt Mottel.

Von dem tragischen Ereignis kündet noch heute eine Inschrift im Sandstein – nicht am Fund-, sondern nahe dem Unglücksort –, vermutlich haben trauernde Freunde oder Verwandte sie eingehauen. Da steht geschrieben:

DENCKMAHL DEM UNGLÜCKLICHEN GUTEN MOTTEL ER ERTRANK D 16 MAI 1810 BEI SARBRÜKEN IN DER SAAR SINES ALTERS 18 JAHR ER WAR EIN GUTER HÜT MENSCH SANFT RUHE SEINE ASCHE. Wie war es zu dem Unglücksfall gekommen? Die Antwort ist so einfach wie tragisch: Der „Hüt Mensch" hatte an einem Holzlagerplatz seine Pferde getränkt, als er in den Fluss fiel und starb. Möglicherweise konnte er nicht schwimmen – Anfang des 19. Jahrhunderts beherrschte die Kunst des Schwimmens durchaus nicht jeder, gerade Menschen aus einfacheren Verhältnissen konnten sich oft nur mit einem Floß oder einer sonstigen Hilfe über Wasser halten. Dabei war Model Marx Cahen das Wasser vermutlich schon gewohnt, denn wie es in der Broschüre *Der Rundweg Historischer Halberg* heißt, wurde das Fuhrunternehmen seines Chefs wohl für den Transport von Baumstämmen auf dem Wasserweg eingesetzt: „Schon zur Regierungszeit des Fürsten Wilhelm Heinrich (1718-1768) wurden mit dem Verkauf von Baumstämmen gute Geschäfte gemacht. Über Saar, Mosel und Rhein gelangte das Holz mit Flößen bis nach Holland. Die auf dem Halberg eingeschlagenen Stämme dürften am nächstgelegenen Uferplatz auf die Saar gebracht worden sein." Und eben ein solcher Uferplatz war wohl der Ort, an dem der beliebte Model seinen Tieren zu trinken gab.
Ob er nun mit dem Wasser vertraut war oder nicht: Der junge Mann ertrank jämmerlich. Und wie sehr man um ihn trauerte, davon kündet noch heute die Inschrift im Sandstein. Wenn sie auch sehr verwittert ist: Mottel ist nicht vergessen.

Eva-Maria Bast

So geht's zum Mottelstein:

Man entdeckt ihn in einer kleinen Sackgasse auf dem Waldweg oberhalb der Brebacher Landstraße. Auf dem Rundweg „Historischer Halberg" ist der Mottelstein die Nummer 5.

Peter Stefan Herbst weiß, was die Kreuzung mit der Zeitung in seinen Händen zu tun hat. Im Hintergrund steht das heutige Verlagsgebäude.

32

Kreuzung

Die schwarze Kunst in Saarbrücken

Von seinem Büro aus blickt Peter Stefan Herbst auf die Kreuzung Eisenbahnstraße/Gutenbergstraße hinab. Ein geschichtsträchtiger Ausblick für den Chefredakteur der *Saarbrücker Zeitung*. Denn, wie er erklärt: „Diese Kreuzung war früher allgemein als *Hofersches Eck* bekannt, aber das weiß heute kaum noch jemand." Nicht nur der Ort, auch seine Bezeichnung hängt untrennbar mit der Geschichte der *Saarbrücker Zeitung* zusammen. Und die begann in der Mitte des 18. Jahrhunderts mit zwei Männern: dem Fürsten von Nassau-Saarbrücken und einem zugezogenen Buchdrucker mit Namen Hofer.

Bernhard Gottfried Hofer (1729-1777) kam in Nürnberg zur Welt, wo sein Vater bereits die „schwarze Kunst", den Buchdruck, ausübte. Nach seiner Ausbildung war der reiselustige junge Mann in unterschiedlichen deutschen Städten und im Ausland tätig, bis es ihn schließlich über Umwege und auf Empfehlung von Freunden nach Saarbrücken verschlug. Dort heiratete er 1759 Maria Dorothea Mengert, die Tochter des Hofdruckmeisters Johann Heinrich Mengert (um 1684-1762), der die erste Druckerei an der Saar betrieb. 1761 übernahm Bernhard Hofer die Buchdruckerei seines Schwiegervaters und erwies sich nach kurzer Zeit würdig, auch in dessen Fußstapfen als Hofbuchdrucker des Fürsten Wilhelm Heinrich von Nassau-Saarbrücken (1718-1768) zu treten. Zusätzlich zu dieser privilegierten Stellung ging auch das 1743 von Johann Mengert erworbene Haus in der Talstraße 2 auf Hofer über, das sich in direkter Nachbarschaft zum wenige Jahre zuvor errichteten Barockschloss befand. Dort blieben die Nachfahren Hofers bis 1838 wohnen.

Die Kreuzung von Bahnhof- und Eisenbahnstraße, einst bekannt als „Hofersches Eck".

Am 24. Januar 1761 ließ der Fürst in einer Bekanntmachung verlauten, dass er beabsichtige, ein Anzeigenblatt einzuführen, und legte damit den Grundstein für die *Saarbrücker Zeitung*: „Seine Hochfürstliche Durchlaucht [...] haben schon längst gewünscht, die Vortheile und Bequemlichkeiten, welche man anderswo von den Frag- und Anzeig-Blättern hat, auch Ihren getreuen Unterthanen zuwenden zu können, und wollen daher nächstens in allen Ihren Landen ein Allgemeines Wochenblatt zur Probe einführen lassen." Sein Wunsch wurde verwirklicht: An Ostern desselben Jahres sollte erstmals das *Nassau-Saarbrückische Wochen-Blat* erscheinen. Bernhard Hofer trug als beauftragter Hofbuchdrucker nicht nur die Verantwortung für den Druck des Wochenblatts, sondern auch das finanzielle Risiko.

„Dies war jedoch noch keine Zeitung im heutigen Sinne und fern jedes politischen oder aufklärerischen Anspruchs", betont Peter Stefan Herbst. „Hier konnten die Saarbrücker vielmehr Anzeigen und Gesuche aufgeben und nachlesen, wie die aktuellen Lebensmittelpreise auf dem Markt standen." Einmal pro Quartal sollte außerdem „eine Tauf-, Ehe- und Todtenliste erscheinen", so die Vorstellung Wilhelm Heinrichs. „Hofers Verdienst war dabei zwar gering, aber durch seine privilegierte Stellung als Hofdrucker hatte er keine Konkurrenz zu befürchten", fügt der Chefredakteur hinzu.

Im Zuge der politischen Ereignisse in der Folgezeit – zunächst die Besetzung der Stadt durch französische Revolutionstruppen 1793 und die wenige Jahre später erfolgende, bis 1815 andauernde Zugehörigkeit zu Frankreich – öffnete sich das Blatt zunehmend für Informationen des Weltgeschehens, wandte sich davon nach dem Übergang der Saargegend an Preußen jedoch wieder ab und kehrte zu den Inhalten der Anfangszeit zurück.

„Dies war jedoch noch keine Zeitung im heutigen Sinne und fern jedes politischen oder aufklärerischen Anspruchs. Hier konnten die Saarbrücker vielmehr Anzeigen und Gesuche aufgeben und nachlesen, wie die aktuellen Lebensmittelpreise auf dem Markt standen."

Erst in den 1830er-Jahren lässt sich ein erneuter Umschwung feststellen. Der Takt, in dem die Zeitung erschien, mittlerweile unter dem Namen *Saarbrücker Anzeiger*, verdoppelte sich auf zwei Ausgaben pro Woche. 1838 erteilten die Zensurbehörden außerdem ihre Genehmigung, auch Artikel politischer Natur zu publizieren.

Ein Jahr später übernahm Anton Traugott Hofer (1806-1864), der Enkel des Gründers, das Unternehmen. „Er ist es, dem es vorbehalten ist, den künftigen Aufschwung der Zeitung vom kleinen Lokalblatt zur angesehenen Tageszeitung einzuleiten", schreibt

Guido Grohmann in einem Beitrag über *Die Familie Hofer und ihre Saarbrücker Zeitung*. Mit der Übernahme durch Anton Hofer zogen Verlagsgebäude und Druckerei in die Eisenbahnstraße 8 um. „Doch nicht nur der Standort wechselte unter seiner Führung, er verlieh der Zeitung auch ihren heute noch gültigen Namen“, weiß Peter Stefan Herbst zu berichten. Der *Saarbrücker Anzeiger* wurde 1848 zunächst in *Saar-Anzeiger* – mit mittlerweile vier wöchentlichen Ausgaben – und mit Beginn des Jahres 1861 schließlich, pünktlich zum 100. Geburtstag, in *Saarbrücker Zeitung* umbenannt. Die Tage des reinen Anzeigenblättchens waren spätestens mit dieser Neuerung vorbei. Und bis auf den Sonntag sollte die Zeitung nun täglich erscheinen.

„Doch nicht nur der Standort wechselte unter seiner Führung, er verlieh der Zeitung auch ihren heute noch gültigen Namen.“

Nach seinem Tod 1864 führten Anton Hofers Söhne Carl (1838-1887) und Fritz (1834-1880) als „Gebrüder Hofer“ die Firma fort. Da die bisherigen Räumlichkeiten nicht mehr ausreichend Platz boten, ließen die Brüder ein neues Verlagsgebäude in der Eisenbahnstraße errichten – und begründeten damit 1871 das Hofersche Eck.

174 Jahre lang blieb die Zeitung in Familienbesitz, wenn auch ab 1920 nur noch anteilig. In diesem Jahr nämlich trat Richard Hofer (1887-1921), Sohn von Carl Hofer, als Geschäftsführer zurück und verkaufte seinen Anteil.

Nachdem das Saarland ab 1919 der Verwaltung des Völkerbundes unterstellt gewesen war, wurde es 1935 nach einer Abstimmung durch die Bevölkerung wieder in das Deutsche Reich eingegliedert. Im selben Jahr ging die Ära Hofer zu Ende. Bisher immer noch Miteigentümer an der *Saarbrücker Zeitung*, wurden die Erben nun von den Nationalsozialisten enteignet, die „[f]ortan bestimmten […], was in der Saarbrücker Zeitung veröffentlicht werden durfte“, so Dieter Gräbner in einem Beitrag über die Hofer-Erben in *Bürger, Brücken und Duelle. Die Geschichte der Großstadt Saarbrücken*.

Der Ausbruch des Zweiten Weltkrieges brachte die Arbeit der Zeitung kurzzeitig zum Erliegen, doch ein Dreivierteljahr später liefen die Druckmaschinen im Juli 1940 wieder an. Zwei Jahre danach feierte die Druckerei (die ja bereits auf Bernhard Hofers Schwiegervater zurückging) noch ihren 200. Geburtstag, bevor im März 1945 „amerikanische Soldaten [...] an den fensterlosen und menschenleeren Gebäuden des Verlagshauses" vorüberzogen, wie Hans Bünte in *Die abenteuerliche Geschichte einer Zeitung* schreibt. Die erste Ausgabe nach Kriegsende, die im August desselben Jahres erschien, ging über den Verkaufstresen wie die sprichwörtlichen warmen Semmeln.

Mit Beginn des Jahres 1957 gehörte das Saarland zur Bundesrepublik Deutschland und übernahm die Anteile an der *Saarbrücker Zeitung*, bevor das Blatt 1969/70 wieder privatisiert wurde. 1961 hatte es zwischenzeitlich erneut Grund zum Feiern gegeben: diesmal den 200. Geburtstag der Zeitung. Hans Bünte fasst die Entwicklung der Zeitung im 20. Jahrhundert als „Kampf gegen politische Bevormundungen aus allen Richtungen, aber auch den wachen Blick für den Wandel der Kommunikationswege" zusammen, wodurch sie wurde, „was sie heute ist: Teil eines beeindruckenden Medienhauses".

Äußerlich hat sich das Verlagsgebäude der *Saarbrücker Zeitung* seit 1871 stark gewandelt. Doch erhebt sich der heutige moderne Gebäudekomplex eben immer noch an der Kreuzung, an der schon die Familie Hofer die Geschicke ihrer Firma lenkte. Darüber hinaus wäre für einen Verlag und eine Druckerei wohl keine Anschrift passender als die Gutenbergstraße. Denn ohne den Erfinder des Buchdrucks könnte die drittälteste Zeitung Deutschlands nicht auf solch eine lange Tradition zurückblicken.

Elena de F. Oliveira

So geht's zur Kreuzung:

An der Kreuzung treffen Eisenbahnstraße und Gutenbergstraße aufeinander.

Turm

Kirchenrest mitten auf dem Schulhof

So ein Bauwerk, wie es auf dem Areal der Turmschule steht, hätte bestimmt jedes Kind gern auf dem Schulhof, vielleicht zum Leidwesen der Erzieherinnen und Erzieher, die ihre Schützlinge hindern müssten, daran hinaufzuklettern. Hier könnte man mit Sicherheit ausgezeichnet Ritter spielen, denn die Steinmauer beim Klettergerüst ließe sich hervorragend als Wall einbeziehen, um den Turm gegen böse Raubritter zu verteidigen. „Eine gewisse Schutzfunktion hatte der Turm sogar", stellt Dr. des. Heidi Kügler klar. Die Kunsthistorikerin und Vorsitzende des Saarländischen Vereins für Denkmalschutz ist hier selbst zur Schule gegangen und hat den Turm auf dem Pausenhof schon als Kind bestaunt. Mit seinen fast 1,50 Meter dicken Mauern, Schießscharten und einem Zugang zum Obergeschoss, der nur von außen über eine entfernbare Leiter erreichbar war, bot er im Mittelalter vortrefflichen Schutz. „Es ist das älteste Gebäude Dudweilers, bis in das erste Jahrtausend nach Christus reichen die Wurzeln dieser Kirche", fährt sie fort.

Denn als Kaiser Otto II. (955-983) den Besitz des Nonnenklosters St. Peter in Metz am 11. Mai 977 bestätigte, wurde auch eine Kapelle in „Duodonisvillare" genannt. Fundamentreste dieses Vorgängerbaus fanden sich bei Grabungen 1833 im Turminneren. Der Turm aus Rotsandstein, der heute noch zu sehen ist, stammt aus dem 14. Jahrhundert und wurde noch kurze Zeit vor der Kirche errichtet. Er beheimatete den Chor. Das Kirchenschiff schloss sich demnach an der Westseite an, war relativ niedrig und mit rund 8,15 Meter nur etwas breiter als der Turm selbst. Die Form und Höhe des ersten Dachs sind indirekt noch zu sehen, denn die Kontur dieses Satteldachs zeichnet sich sichtbar an der westlichen Turmmauer ab. Um das Gotteshaus herum lag, wie damals üblich, der Friedhof, umfasst von einer Mauer, die den Turm in Teilen jetzt noch umgibt und auf der heute die Schüler in ihren Pausen balancieren, klettern oder einfach nur sitzen.

Diesen Turm kennt Dr. des. Heidi Kügler schon von Kindesbeinen an.

Der Dreißigjährige Krieg (1618-1648) hat auch an dem Gebäude seine Spuren hinterlassen. Pfarrer Christian Ludwig Barthels (1689-1749) schrieb 1714 bei seinem Amtsantritt über das Gotteshaus: „Es hat die Kirche zu Dudweiler bei meiner Ankunft eher einem Stall als einer Kirche oder einem Gotteshaus ähnlich gesehen, indem die Leute nur auf Balkenstücken und Steinen gesessen, auch nur etliche Bretter im Chor angenagelt waren samt 4 Weiberstühlen von Dielen.“ Der unhaltbare Zustand wurde beseitigt und das Kirchenschiff im barocken Stil 1738 von Grund auf neu und den Erfordernissen der gewachsenen Gemeinde entsprechend größer errichtet. Das Dach des neuen Langhauses reichte damit fast bis an das oberste Fenster des Kirchturms hinauf. Dieser Bau diente den Dudweilern beinahe 150 Jahre lang als Gebetsort. 1882 errichtete die wegen des Bergbaus stark wachsende Gemeinde eine neue Kirche unweit der alten: die evangelische Christuskirche.

„Es ist das älteste Gebäude Dudweilers, bis in das erste Jahrtausend nach Christus reichen die Wurzeln dieser Kirche.“

„Die alte Kirche wurde nicht mehr gebraucht, und als man dann eine Schule auf dem früheren Kirchhof baute, wurde das Kirchenschiff abgerissen“, berichtet die Kunsthistorikerin vom Ende des Langhauses. Der inzwischen unter Denkmalschutz gestellte Turm kündet noch immer von der Geschichte des kleinen Gotteshauses, des ältesten Gebäudes im Dorf. Mitten auf dem Schulhof, wo die Kinder Ritter spielen und toben, egal ob es nun ein Kirch- oder ein Wehrturm ist.

Mike Durlacher

So geht's zum Turm:

Der Turm steht auf dem Schulhof der Turmschule in Dudweiler in der Saarbrücker Straße 289.

Ein Grabstein für einen Scharfrichter an einer Kirche? Britta Hess kennt die Geschichte dahinter.

34

Grabplatte

Außenseiter im Leben und im Tod

Er führte ein Leben am Rande der Gesellschaft, er wurde gemieden, und niemand wollte mit ihm zu tun haben. Auf einer Grabplatte an der Basilika St. Johann wird an ihn erinnert: *Sanft ruhet hier Johann Nikolaus Rehn Scharfrichter St. Johann Año MDCCLXXII.* „Er bekam diesen Stein 1772, obwohl sein Beruf ein *unehrlicher* war – das ist ungewöhnlich", kündigt Stadtführerin Britta Hess das Geheimnis dieser Platte an.

Unehrlich heißt aber nicht, dass der Mann, der hier bestattet ist, sich der Lüge schuldig gemacht hätte: Unehrlich bedeutete vielmehr „unehrenhaft". „Es gab im Mittelalter und in der frühen Neuzeit mehrere unehrliche Berufe, dazu gehörten zum Beispiel der Abdecker, der Totengräber und der Scharfrichter", erläutert die Saarbrückerin. Das Amt des Scharfrichters ist auf deutschem Boden seit 1276 bezeugt. Zu seinen Aufgaben gehörte neben dem eigentlichen Hinrichten auch das Foltern und das Ausführen von Körper- und Ehrstrafen. Bei Letzteren handelte es sich um Urteile, deren Umsetzung zwar keinen oder kaum Schaden am Körper verursachten, den Verurteilten aber massiv in seiner Ehre kränkten. Weitere Pflichten des auch „Henker" genannten Scharfrichters waren, Selbstmörder von dem um ihren Hals liegenden Seil loszuschneiden und sie hernach zu bestatten, außerdem hatte er nicht selten die Aufsicht über die Prostituierten der Stadt.

Das Verhältnis der anderen Saarbrücker zum Scharfrichter war ambivalent und das zeigt sich an vielen Beispielen: So wurde der Scharfrichter vom Gericht nach Vollstreckung einer Hinrichtung oder einer Bestrafung ebenso wie die beteiligten geistlichen und weltlichen Amtsträger zu einer Mahlzeit in die Rathauswirtschaft eingeladen. „Es kam aber selten vor, dass ein Scharfrichter in einem Wirtshaus toleriert wurde, entweder war es ihm gänzlich verboten oder es gab strenge Auflagen", erklärt die Gästeführerin. Er durfte sich nur in gewissen Räumen aufhalten oder nur auf einem dreibeinigen Schemel, „dreibeinig wie der Galgen", sitzen. Manchmal musste er sogar sein eigenes Geschirr mitbringen.

Johann Nikolaus Rehns Grabplatte befindet sich zwar heute an der Kirche, aber begraben wurde er hier nicht.

Privater Kontakt zwischen ehrbaren Leuten und dem Scharfrichter war nicht gestattet und stand teilweise sogar unter Strafe. Geschäftliche

Beziehungen waren aber durchaus üblich und wurden toleriert. So erging es auch Rehn, der zwar als Scharfrichter und Abdecker handeln durfte, aber mit niemandem außerhalb seiner Familie befreundet sein konnte.

Scharfrichter lebten also außerhalb der bürgerlichen Gesellschaft. „Niemand wollte in eine Scharfrichterfamilie einheiraten, sie suchten sich ihre Lebensgefährten unter anderen Scharfrichterfamilien", weiß Britta Hess. Die Nachkommen aus diesen Ehen waren mit dem Makel behaftet, aus solch einer Familie zu stammen. Die Töchter heirateten wieder in eine Scharfrichterfamilie ein, die Söhne übernahmen den Beruf des Vaters und wurden selbst Scharfrichter. Sie lernten das Handwerk von ihren Vätern, so auch Johann Nikolaus Rehn von seinem Vater Dietrich. „Kopfabhacken und Aufknüpfen waren aber bei Weitem nicht die einzigen Fähigkeiten, die ein Scharfrichter haben musste", erzählt die Saarbrückerin. „Er musste ebenso über medizinische, mindestens aber anatomische Kenntnisse verfügen." Denn der Delinquent durfte unter der Folter nicht sterben, es war also nötig, genau zu wissen, welche Schmerzen wo zugefügt werden konnten, ohne dass der Verurteilte zu schnell seinen Verletzungen erlag. Bei besonders schweren Verbrechen sollte der Hinzurichtende möglichst lange leiden.

„Niemand wollte in eine Scharfrichterfamilie einheiraten, sie suchten sich ihre Lebensgefährten unter anderen Scharfrichterfamilien."

Diese Kenntnisse wussten die Scharfrichter auch noch auf andere Art und Weise zu nutzen – gezwungenermaßen. Denn gerade in kleineren Gerichtsbezirken mussten sie sich ein Zubrot verdienen, schließlich waren selbst im sogenannten düsteren Mittelalter Hinrichtungen nicht an der Tagesordnung. Durch ihre Fähigkeiten im Foltern wussten Menschen wie Rehn nicht nur Knochen zu brechen, sondern sie auch wieder zu richten. Sie zogen Zähne, nähten Wunden, stellten Tinkturen und Salben her, sogar „Armsünderfett", also Fett, das von den Hingerichteten gewonnen wurde. Oft kamen sie auch in Verdacht, magische Tinkturen und dergleichen zu fabrizieren – vom Klerus misstrauisch beäugt, von den Abergläubischen der Zeit aber immer wieder in Anspruch genommen.

Die Königsdisziplin bei den Hinrichtungen war das Köpfen mit dem Schwert, es war die ehrenvollste Art, hingerichtet zu werden. Der Henker musste großes Geschick beweisen, und ihm durfte kein Fehler passieren. „Ging etwas schief, konnte es dazu kommen, dass der Henker selbst zum Gehenkten wurde", zeigt Britta Hess die Konsequenzen auf. Da erscheint es fast leichtsinnig, dass die Scharfrichter dem Alkohol oft sehr zugetan waren: „Die mangelnde ‚Solidarität' der Scharfrichter verriet sich nicht zuletzt in ihrer Neigung zur Trunksucht. Es ist auffallend, wie [...] Scharfrichter immer wieder in stark angetrunkenem Zustand ihren Pflichten nachkamen. [...] alle tranken im Dienst oder gaben in ihrer Freizeit so viel Geld für alkoholische Getränke aus, dass sie in ernste finanzielle Schwierigkeiten gerieten oder sogar [...] mit dem Gesetz in Konflikt kamen. Natürlich war Trunksucht [...] auf allen Ebenen der deutschen Gesellschaft verbreitet; sie scheint aber bei Scharfrichtern weit über dem Durchschnitt gelegen zu haben", resümiert Richard John Evans in seinem Buch *Rituale der Vergeltung – Die Todesstrafe in der deutschen Geschichte 1532-1987*. Auch die soziale Ausgrenzung trieb die Scharfrichter in die Arme des Rausches, und da niemand mit ihnen gesellschaftlich trinken durfte, sprachen sie oft alleine dem Alkohol zu, was ihre Aura der Andersartigkeit und Asozialität nur noch unterstrich.

„Es kam aber selten vor, dass ein Scharfrichter in einem Wirtshaus toleriert wurde, entweder war es ihm gänzlich verboten oder es gab strenge Auflagen."

Das Leben war nicht einfach für die Mitglieder dieses Berufszweiges, denn sie existierten wie in einer Parallelgesellschaft. Ihre Arbeit gehörte zwar zu den Handwerken, wurde aber immer extra genannt. In Statistiken und Tabellen, die alphabetisch geordnet waren, wurde der Scharfrichter trotz des Anfangsbuchstabens noch hinter den Zinngießer gesetzt. Die Scharfrichter mussten auch fernab des städtischen Lebens am Rand der Stadt wohnen. Johann Dietrich, der Vater von Johann Nikolaus, konnte sich ein Haus bauen, es stand aber am östlichen Ende der Stadt, nahe an der Stadtmauer. Und obwohl Bauplätze innerhalb der Stadtmauern rar und eng waren, hatte das Haus

des Scharfrichters etwas Abstand zu den Nachbargebäuden, das Viertel erhielt auch den Namen „Meisters-Eck".
„Aber mit der Zeit wurde die Ausgrenzung weniger scharf, in gewissem Rahmen nahmen die Scharfrichter am sozialen Leben der Stadt teil", weiß Britta Hess. So gelang es Johann Nikolaus, eine „ehrliche" Frau zu heiraten, Anna Catharina Fischer, die er am 13. April 1778 ehelichte. Die Ehre, auf einem Friedhof bestattet zu werden, wurde ihm aber, anders als es der Grabstein glauben machen will, nicht zuteil: Er wurde etwas außerhalb des Friedhofs, der rund um die Kirche lag, beerdigt. Erst als man bei der Kirche einen Baum fällte, entdeckte man den Stein im vergangenen Jahrhundert wieder und brachte diesen an der Kirchenwand an, wo er seither an Johann Nikolaus erinnert.

„Aber mit der Zeit wurde die Ausgrenzung weniger scharf, in gewissem Rahmen nahmen die Scharfrichter am sozialen Leben der Stadt teil."

Wer hätte seinerzeit gedacht, dass es die Grabplatte eines Henkers auf geweihten Boden schaffen würde!

Mike Durlacher

So geht's zur Grabplatte:

Die Grabplatte befindet sich an der linken Seite der Basilika St. Johann etwa auf Kniehöhe.

Simon Matzerath weiß, was 2.146 der Pflastersteine auf dem Schlossplatz von den anderen unterscheidet.

35

Pflastersteine

Gedenken im Verborgenen

Wer vom westlichen Ende des Schlossplatzes her auf den Eingang des Stadtschlosses zusteuert, den tragen seine Füße über ein Band aus grauem und rötlich braunem Kopfsteinpflaster. Die Steine in der Mitte des Streifens sollen aber nicht etwa, wie man vermuten könnte, einen roten Teppich für die Besucher andeuten, sondern sie stehen mit dem Zweitnamen des Schlossplatzes in Verbindung. Auf Höhe der Seitenflügel angekommen, bemerkt die eine oder der andere nämlich ein blaues Schild an der Gebäudeecke. „Das ist der *Platz des Unsichtbaren Mahnmals*", liest Simon Matzerath, Direktor des Historischen Museums, vor.

Ein Mahnmal, das sich selbst nicht als solches zu erkennen gibt? Was zunächst als Widerspruch erscheinen mag, ergibt plötzlich einen Sinn, wenn man den Hintergrund der Pflastersteine kennt. Und diese kann man im Gegensatz zu dem Mahnmal deutlich sehen. „Insgesamt sind es 2.146 Stück", weiß Simon Matzerath.

Zunächst waren die Arbeiten am „Mahnmal gegen Rassismus" nicht nur unsichtbar, sondern auch heimlich ausgeführt worden. Im April 1990 begann der Künstler und Gastprofessor Jochen Gerz zusammen mit acht Studierenden der Hochschule der Bildenden Künste Saar, nachts die Pflastersteine auf dem Schlossplatz gegen andere auszutauschen. In der Zwischenzeit bearbeiteten sie die Originalsteine, bevor diese wieder an Ort und Stelle zurückgelegt wurden. In die Unterseite hatten Gerz und die Studierenden zuvor die Ortsnamen der jüdischen Friedhöfe eingemeißelt, die bis 1933 in Deutschland existiert hatten – insgesamt 2.146 –, bevor die Zerstörung der jüdischen Kultur durch die Nationalsozialisten einsetzte. „Das Schloss wurde von 1935 bis 1945 als regionale Zentrale der Gestapo genutzt", erläutert Matzerath den historischen Hintergrund des Standortes.

Nachdem die Initiatoren ihre Aktion nach den ersten etwa 50 Steinen publik gemacht hatten, folgte im August 1991 der offizielle Beschluss seitens der Mitglieder des Stadtverbandstags Saarbrücken für die weitere Realisierung des Denkmals. Am 23. Mai 1993 wurde es schließlich der Öffentlichkeit übergeben – und sorgt seither für gespaltene Meinungen. „Die Diskussion dreht sich immer um die Frage: Ein Mahnmal, das man nicht sieht – ist das überhaupt ein Mahnmal?", bringt Simon Matzerath den Konflikt auf den Punkt.

Doch sei es gerade diese Verborgenheit, die symbolisch für die Verdrängung der Geschichte steht und die das Mahnmal als solches lebendig hält, so die Bilanz des Historikers: „Gerade dadurch, dass es *nicht* sichtbar ist, wird am meisten darüber gestaunt."

Elena de F. Oliveira

So geht's zu den Pflastersteinen:

Sie sind Teil der Auffahrt auf dem Schlossplatz, die zum Eingang des Schlosses führt.

St. Johanner Markt

36

Fenster

Überrest aus einer anderen Epoche

Wer den Blick in der Straße St. Johanner Markt nach oben richtet und die schönen weißen barocken Fassaden betrachtet, dem fällt ein ganz besonderes Fenster am Haus mit der Nummer 49 auf. Denn in der Regel sind alle Fenster eines Gebäudes in Form, Farbe und Aussehen, wenn nicht identisch, dann wenigstens sehr ähnlich. „Dieses aber nicht, denn es ist viel älter als die anderen Fenster in dieser Straße und stammt sogar aus einer anderen Epoche", weiß Britta Hess zu berichten, „nämlich aus der Spätrenaissance." Das lässt einen dann doch aufhorchen, denn unter dem Fenster ist in den Holzrahmen etwas eingraviert: *HO-SB- -A-N-O-1-6-8-8*. Und das ist definitiv zu spät für die Renaissance, auch für die späte.

Die zweite Hälfte des 17. Jahrhunderts ist die Zeit des Hochbarocks. Ute Engel beschreibt in ihrem Buch *Stil und Nation: Barockforschung und deutsche Kunstgeschichte (1830-1933)*, dass der Barock von den Kunstkritikern der Epoche als „das künstlerisch Häßliche, Schwülstige, Unregelmäßige und Disharmonische, eben das Geschmacklose" bezeichnet wurde. Und Johann Joachim Winckelmann bemüht sogar die Ironie, denn in seinen *Gedanken über die Nachahmung der griechischen Werke in der Malerei und Bildhauerkunst* von 1756 schreibt er: „Man gab dieser Art zu arbeiten die Benennung des Barroquegeschmacks, vermuthlich von einem Worte, welches gebraucht wird bey Perlen und Zähnen, die von ungleicher Größe sind. Und endlich hat ja auch eine Muschel, glaube ich, eben ein so gutes Recht, ein Theil der Zierathen zu sein, als es ein Ochsen oder Schafskopf hat."

Diese Beschreibungen passen nun aber so gar nicht zu dem Fenster am Eckhaus der Straße St. Johanner Markt und Faßstraße. Es ist weder schwülstig noch schief oder disharmonisch und schon gar nicht hässlich. Es ist gerade, symmetrisch, zwar verziert, aber

Britta Hess ist das Renaissance-Fenster gleich aufgefallen.

zurückhaltend. Und es unterscheidet sich noch in Weiterem von allen anderen Fenstern in der Straße. Der Rahmen und die Verzierungen sind aus hellem Holz gefertigt, während die anderen Fenster des Hauses und der Straße aus Stein bestehen, meistens weiß getüncht. Auch sind sie auf der anderen Hälfte der Fassade oben gerundet und ein Schlussstein ist angedeutet. „Das klingt zwar auch nicht überbordend, aber man darf eine barocke Kirche nicht mit einem barocken Wohnhaus vergleichen", relativiert die Gästeführerin. Entstanden ist das Haus wohl 1688 während der sogenannten Reunionen.

Neben der militärisch forcierten Expansion seines Königreichs vesuchte Ludwig XIV. (1638-1715), Frankreichs Grenzen auch durch Erbansprüche bis an den Rhein vorzuschieben. So entstand 1685 die sogenannte Saarprovinz, und Saarbrücken wurde französisch. Zwar kam die Stadt nach dem Frieden von Rijswijk 1697 an das Heilige Römische Reich Deutscher Nation zurück, aber die Zeit prägte sie. „Saarbrücken war von Kriegen zuvor schwer gebeutelt", erzählt Britta Hess. Während des Holländischen Kriegs (1672-1678) kam es in Alt-Saarbrücken am 26. Mai 1677 zu einem Brand, in dem „die ganze Statt, bis auff etlich wenig Häuser in Feuer kommen, und darinn mehr nicht als 6 oder 7 salviret, das übrige aber alles in die Asche geleget worden", wie ein Zeitzeuge in Antje Fuchs' *Zwischen Kommerz, Kommunikation und Kontrolle. Zur Wirtshauskultur in Saarbrücken und St. Johann im 18. Jahrhundert* zitiert wird. Kaiserliche Truppen griffen die Stadt

Material, Formgebung und Ausführung lassen klar erkennen: Das Fenster hat einen anderen Stil als die übrigen.

an, die Franzosen vernagelten die Tore und zündeten die Stadt unterhalb des Schlosses an, um die Kaiserlichen aufzuhalten. Die St. Johanner nahmen später die Überlebenden auf. Und 1683 brannte es noch einmal, „18 Häuser, sechs Scheunen und 13 Ställe" fielen den Flammen zum Opfer. „Aber mit der Eingliederung in die Saarprovinz ging es mit Saarbrücken als Teil Frankreichs wieder aufwärts, die Stadt erholte sich", erzählt Hess.

Menschen aus Frankreich, aber sogar auch aus dem Alpenland kamen hierher, Geflüchtete kehrten zurück. Und in diesem Aufschwung, zusammen mit den Vorteilen, die die zwölfjährige Zugehörigkeit zu Frankreich brachte – keine Leibeigenschaft, 75 Prozent weniger Frondienste, mehr Weideland –, entstand das Haus. „Das Fenster wurde dabei wahrscheinlich aus einem Vorgängerbau wiederverwendet und hat übrigens keine Scheiben, sondern gefirnisstes Leinen als Glasersatz", fügt Britta Hess hinzu. Da Glas oft teuer und das Fenster ja auch schon älter war, wählte man diese Alternative, behandelte Leinen mit Firnis, also einer Mixtur aus in Öl gelöstem Harz, um es zu imprägnieren, und spannte dieses dann in den Rahmen. „Daher sieht es auch immer aus, als wäre es selbst bei hellstem Tag stockfinster in dem Raum", beschreibt die versierte Gästeführerin ein weiteres Detail an diesem Renaissance-Fenster, das übrigens das einzige noch erhaltene in Saarbrücken ist – was es umso besonderer macht.

„Das Fenster wurde dabei wahrscheinlich aus einem Vorgängerbau wiederverwendet und hat übrigens keine Scheiben, sondern gefirnisstes Leinen als Glasersatz."

Mike Durlacher

So geht's zum Fenster:

Das Fenster befindet sich im obersten Stockwerk des Eckhauses St. Johanner Markt 49.

der
Beamten
Willi Huth

Grabinschrift

Mord im Wohlfahrtsamt

Der Saarbrücker Hauptfriedhof im Süden der Stadt weist einige Besonderheiten auf. „Es ist der größte in Südwestdeutschland", weiß Friedhofsleiter Stefan Ruloff, „und auch der einzige Friedhof in Deutschland, der oberirdische Grabkammern anbietet, die man sonst hauptsächlich aus südlicheren Ländern wie Italien kennt." Neben diesen Besonderheiten birgt die weitläufige Ruhestätte auch Geschichten, die sich nicht sofort erschließen. Dazu gehören die Todesumstände eines jungen Mannes, dessen Grab ein hölzernes Kreuz ziert. Darauf steht geschrieben: *Hier ruht der städtische Beamtenanwärter Willi Huth. Geb. 5.1.1910 im Dienst durch Mörderhand gestorben am 30. Mai 1936.*
„Da stellen sich einem natürlich viele Fragen", kommentiert Ruloff angesichts der Inschrift. Denn zur Art des Dienstes, dem Motiv des Mörders oder dem Hergang der Bluttat verrät das Holzkreuz nichts.

Als Willi Huth 1936 verstarb, war der Friedhof seit 20 Jahren für zivile Beisetzungen freigegeben. Ursprünglich hatte man den Gottesacker 1914 als reinen Militärfriedhof angelegt, auf dem die gefallenen Soldaten des Ersten Weltkriegs ihre letzte Ruhe finden sollten. „Nachdem die kernstädtischen Friedhöfe von St. Johann, Alt-Saarbrücken und Malstatt an ihre Kapazitätsgrenzen gekommen waren, beschloss der Stadtrat im Jahr 1919, einen großen Zentralfriedhof zu bauen, um für die nächsten Jahrzehnte Ruhe zu haben", berichtet Stefan Ruloff. „Im Zuge dessen kam die Überlegung auf: Wir haben ja schon einen Ehrenfriedhof, den wir einfach erweitern könnten." Ab 1926 erfolgte der Ausbau zum Hauptfriedhof, und 1928 begann die Errichtung der Leichenhalle, die 1930 eingeweiht wurde.

Willi Huth wurde als einer der Ersten auf dem neuen Hauptfriedhof bestattet. „Dass wir hier vor einem der ältesten Gräber stehen, darauf weist auch hin, dass es sich um das Feld mit der Nummer 5 handelt", sagt der Friedhofsleiter. „Mittlerweile sind wir bei 138."

Stefan Ruloff weist auf das Holzkreuz mit der Grabinschrift hin.

Es war am Pfingstsonntag, dem 31. Mai 1936, als in der *Saarbrücker Zeitung* unter dem Titel *Willi Huth ist tot* geschrieben stand, dass der gerade einmal 26-jährige Beamtenanwärter erschossen worden war: „Willi Huth riß die Kugel eines Mörders mitten aus dem Schaffen. Die Nachricht traf alle Leichtathleten und Sportfreunde wie ein Keulenschlag." Der Betrauerte „war zuletzt Sportwart und stellvertretender Vereinsführer des Deutschen Sport-Klubs" gewesen. In dem Artikel heißt es weiter: „Sein Tod reißt eine schmerzliche Lücke in die Reihen der Getreuen, die doppelt schmerzlich empfunden wird, weil Willi Huth einer jener stillen Arbeiter war, die ihren Einsatz als etwas selbstverständliches empfinden [...]. Wir senken die Fahnen und trauern um einen lieben Kameraden."

Tags darauf, am 1. Juni, erschien ein Nachruf auf Willi Huth, den der NSDAP-Politiker Ernst Dürrfeld (1898-1945) – von 1935 bis 1937 Oberbürgermeister der Stadt Saarbrücken – verfasst hatte. Darin hieß es: „Unerwartet ist am Pfingstsamstag der städtische Beamtenanwärter Herr Willi Huth aus dem Leben gerissen worden. Mit den Angehörigen trauert die Stadtverwaltung Saarbrücken und die gesamte Gefolgschaft tief um den tragischen Tod eines Mitarbeiters, der infolge seiner guten menschlichen Eigenschaften und seines natürlichen Frohsinns allen, die ihn kannten, ein lieber und hochgeschätzter Mitarbeiter war."

Der Inschrift ist zu entnehmen: Willi Huth wurde ermordet.

Der Beamtenanwärter arbeitete beim Wohlfahrtsamt, wie das heutige Sozialamt damals noch hieß, und war wohl auch am Vormittag des 30. Mai 1936 dort beschäftigt, als ein Mann namens Johann Wiesinger mit einer Waffe hereinkam und Huths Leben ein Ende

„Geistesgestörte[r]", wie Rainer Knauf in seinem Beitrag *Ehrengrabstätten auf Saarbrücker Friedhöfen* schreibt. Für seine Tat wurde Johann Wiesinger zu sechs Jahren und vier Monaten Haft verurteilt sowie zu sechs Jahren Ehrverlust – eine Nebenstrafe im deutschen Strafrecht, die bis 1969 existierte. Diese hatte unter anderem zur Folge, dass der Verurteilte von Wahlen und vom militärischen Dienst ausgeschlossen wurde, keine offiziellen Ämter bekleiden durfte sowie Titel und Auszeichnungen ablegen musste. Darüber hinaus ordnete das Gericht seine Unterbringung in einer Heil- und Pflegeanstalt an.

„Dass wir hier vor einem der ältesten Gräber stehen, darauf weist auch hin, dass es sich um das Feld mit der Nummer 5 handelt."

Der den Anzeigen zufolge sowohl bei seinen Sportskameraden als auch Arbeitskollegen beliebte Willi Huth erhielt ein Ehrengrab, das die Stadt kostenlos zur Verfügung stellte und für das sie bis heute die Grabpflege übernimmt. Seine Grabinschrift erinnert seither an das gewaltsame Schicksal des jungen Mannes, auch wenn dabei manches im Dunkeln bleibt. Was die Ruhestätte außerdem nicht offenbart: Willi Huth liegt dort nicht allein. Auch seine Eltern wurden später in dem dreiteiligen Grab beigesetzt.

Elena de F. Oliveira

So geht's zur Grabinschrift:

Der Hauptfriedhof liegt direkt an der deutsch-französischen Grenze zwischen Deutschmühlental, Dr.-Vogeler-Straße und Metzer Straße. Wer der Achse vom Wasserturm am Rondell zum Nordeingang folgt, findet das Grab von Willi Huth nach etwa einem Drittel des Weges auf der rechten Seite.

Gesichter

Steinmetzzeichen der anderen Art

Punkt, Punkt, Komma, Strich – fertig ist das Mondgesicht. Wer kennt nicht diese Formel, nach der kleine und große Zeichner Smiley-artige Gesichter zu Papier bringen. Im Falle der Verzierungen auf der Brunnenfassung im Hof des Jugendhilfezentrums hätte es wohl eher „Sonnengesicht" heißen müssen. Vier eingeritzte Zeichen prangen auf der runden Mauerkrone, die von der Art her ein wenig an die Kultur der Maya oder das Werk eines Kindes erinnern. Mit Ersterem haben sie allerdings gar nichts, mit Letzterem nur über mehrere Ecken zu tun.

Die Brunnenfassung ist nicht einmal besonders alt. „Der Brunnen war verschüttet, bevor er in den 1950er-Jahren wiederentdeckt worden ist", erzählt Herbert Saar, Eltern- und Gruppenberater im Jugendhilfezentrum, das seinen Sitz auf dem Gelände der ehemaligen Deutschherrenkommende hat. Der Deutsche Orden hatte sich im 13. Jahrhundert hier niedergelassen und die zum Gut gehörenden Gebäude errichtet (siehe Geheimnis 28). „Es ist anzunehmen, dass schon damals ein Brunnen Teil der Anlage war, denn in ökonomischer Hinsicht muss sie autark gewesen sein", mutmaßt Prof. Dr. Josef Baulig, ehemaliger Leiter des Landesdenkmalamts Saarland. „Man muss jedoch immer unterscheiden zwischen der ursprünglichen historischen Funktion und der Substanz, wie sie heute überkommen ist", fügt der Bauhistoriker seiner Einschätzung hinzu. „Die Mauerkrone, die Sie hier sehen, ist – etwas despektierlich ausgedrückt – Nachkriegsware, also nicht original mittelalterlich."

Und wie kamen nun die Zeichen in den Stein? Eine Antwort auf diese Frage fand Herbert Saar, als er einst ein Interview führte, und zwar mit Hans Melchior. „Als hier in den 50ern ein neues Gebäude für das Kinderheim errichtet wurde, war er als Bauamtsleiter tätig", berichtet Saar. „Und Herr Melchior erzählte mir, den Arbeitern sei damals im Winter aufgefallen, dass, wenn es geschneit hatte, der

Die Zeichen auf der Brunnenfassung im Hof des Jugendhilfezentrums – Hinterlassenschaft eines kinderfreundlichen Steinmetzes?

Schnee nur an dieser einen Stelle auf dem Boden immer kreisrund weggeschmolzen war." Neugierig geworden, fingen die Arbeiter an zu graben und legten den verschütteten Brunnen frei. Der bekam dann eine neu aufgemauerte Fassung. Denkbar wäre, dass einer der verantwortlichen Steinmetze fand, die Mauerkrone müsse noch verschönert werden. Wie auch immer es gewesen sein mag: Seither befinden sich die Zeichen auf dem Brunnenrand.

„Es ist durchaus nicht unüblich, dass Steinmetze sich in ihren Arbeiten verewigten", kommentiert Josef Baulig und führt aus: „Aus dem Mittelalter gibt es ja auch die regulären Steinmetzzeichen, die genutzt wurden, um nach getaner Arbeit die Abrechnungen durchführen zu können" (siehe Geheimnis 02). Einige dieser Hinterlassenschaften gingen aber wohl auch schlichtweg aus einer Laune hervor. „Wenn die Arbeiter Päuschen hatten und nicht wussten, was sie tun sollten, haben sie häufig einfach irgendetwas geschlagen", erläutert der Bauhistoriker. „Dazu sind dann später die tollsten Thesen und Interpretationen entstanden." Der ikonografischen Bedeutung der Zeichen auf der Brunnenfassung würde Baulig daher kein allzu großes Gewicht beimessen.

Von der Brunnenfassung lächelt dem Betrachter ein freundliches Sonnengesicht entgegen.

Genügend Spielraum für Interpretationsansätze bieten sie jedoch allemal. So könnte ihr Schöpfer bei ihrer Anfertigung zum Beispiel an einen Kompass oder den Verlauf der Sonne gedacht haben. Dafür spricht, dass die Verzierungen ziemlich exakt so angebracht sind, dass sie in die vier verschiedenen Himmelsrichtungen weisen.

Im Osten, wo die Sonne aufgeht, befindet sich ein „Gesicht" mit geöffneten Augen auf der Mauerkrone. Dann steigt die Sonne auf, bis sie den Zenit erreicht und am stärksten strahlt. Dementsprechend ist das Gesicht im Süden von einem Strahlenkranz umgeben. Im Westen geht die Sonne schließlich wieder unter: Das Gesicht auf dieser Seite hat die Augen geschlossen. Als Symbol für die Nacht prangt in nördlicher Richtung ein Strahlenstern, bestehend aus mehreren sich kreuzenden Linien, die sich in der Mitte schneiden.

Unabhängig von den Zeichen auf seinem Rand scheint der Brunnen, der 24 Meter in die Tiefe reicht, ein beliebtes Objekt gewesen zu sein. Für die Kinder, die im Heim lebten, war es natürlich sehr verlockend, die verschiedensten Dinge in der Öffnung verschwinden zu lassen. Herbert Saar erinnert sich noch gut daran, wie Feuerwehrleute eines Tages für eine Übung in den Brunnen hinabgestiegen sind, um ihn bei dieser Gelegenheit zu entrümpeln. „Das untere Gitter gab es damals noch nicht, nur das obere. Da hatten die Kinder alles Mögliche hineingeworfen", berichtet er schmunzelnd. „Hier türmte sich nachher ein ganzer Berg mit Stämmen und mit Ästen – was sich eben alles im Laufe der Jahre dort angesammelt hatte."

Was auch immer der Steinmetz mit seinen Zeichen tatsächlich zum Ausdruck bringen wollte: Wenn die Kinder, Jugendlichen und Mitarbeiter des Jugendhilfezentrums sich heute orientieren wollen, können sie einfach einen Blick auf die Brunnenfassung werfen, von der die freundlichen Gesichter zurücklächeln. Für Herbert Saar bieten sie Anlass, gedanklich einen Blick in die Zukunft zu werfen: „Wenn wir heute schon wüssten, welche Interpretationen in 2.000 Jahren zu unseren Hinterlassenschaften entstehen werden – wir würden vielleicht darüber lachen."

Elena de F. Oliveira

So geht's zu den Gesichtern:

Sie befindet sich im Hof zwischen der Deutschherrenkapelle und dem Verwaltungsgebäude des Jugendhilfezentrums in der Pfählerstraße 2.

Lulustein
2ten August 1870

Lulustein

Jeder wollte ein Stück davon

Spitznamen kann man sich meistens nicht aussuchen. Sie werden einem einfach verpasst. Das war auch bei Napoléon Eugène Louis Bonaparte (1856-1879) so, dem der hübsche Spitzname „Loulou" zugedacht wurde. Ob er ihm gefiel, ist nicht bekannt. Aber wahrscheinlich wurde er ohnehin nur von seinen engsten Verwandten so genannt. Menschen, die ihm nicht so nahe standen, mögen höchstens hinter vorgehaltener Hand gewagt haben, den Sohn des französischen Kaisers Napoleon III. (1808-1873) „Loulou" zu nennen. Doch hat man einmal einen Spitznamen, ist er nur schwer wieder loszuwerden. So ist er dann für Loulou sogar auf den sogenannten Lulustein in Saarbrücken in Granitstein gemeißelt – die Schreibweise differiert daher, weil sie phonetisch eingedeutscht wurde. Dort wird seiner und seines ersten Schrittes in Soldatenstiefeln gedacht. Diesen tat er, als sein kaiserlicher Vater ihn in den Deutsch-Französischen Krieg (1870-1871) mitnahm. Als Großneffe des berühmten Korsen und französischen Kaisers Napoleon Bonaparte (1769-1821) sollte er in allen Belangen der Kriegsführung ausgebildet werden. Am 2. August 1870 ergab sich dafür eine erste Gelegenheit.

Die französischen Truppen stellten am 2. August 1870 auf dem „Bellevue" genannten kleinen Exerzierplatz, etwa dort, wo heute der Sportplatz des ATSV Saarbrücken liegt, einen Artillerieposten des französischen Generals Charles Auguste Frossard (1807-1875) auf. Von diesem Saarbrücker Exerzierplatz aus beschossen die Franzosen die Luisenbrücke und den Bahnhof in St. Johann. Deshalb zogen sich die Preußen aus der Stadt zurück. Während des Beschusses durfte der gerade mal 14-Jährige eine der Kanonen abfeuern.

Die Franzosen konnten die Stadt zwar einnehmen, aber nicht lange halten. Bereits vier Tage später, am 6. August, marschierten preußische Truppen in Saarbrücken ein und schlugen in der Schlacht von Spichern die Franzosen unter schweren Verlusten. Einen Tag nach der

Schlicht erinnert der Stein an die erste Schießübung Napoléon Eugène Louis Bonapartes.

Schlacht veröffentlichte der *Kladderadatsch* ein Gedicht auf diese Übungseinheit des jungen Thronfolgers der Franzosen: *Erschießen mußt du dir dein Krönchen / Schon jetzt – zeig' dich des Vaters werth! / Saarbrücken fiel – Triumph! Victoire! / Paris erhebt von Jubelschrei, / Und ruft so Mir als dir zur Gloire: / Auch ER und Lulu war dabei!*

Der Krieg – so ist es in den Geschichtsbüchern nachzulesen – ging für die Franzosen verloren und Loulou mit seiner Familie ins englische Exil. Auch in seinem späteren Leben war dem Bonaparte-Sprössling kein Glück beschieden. Er erhielt eine militärische Ausbildung und wurde Offizier in der britischen Armee. 1879 nahm er am Zulukrieg in Südafrika teil, wo er aufgrund eines Fehlers mit einer zu kleinen Eskorte auf Erkundung ging und von etwa 40 Zulukriegern entdeckt und getötet wurde.

An seinen ersten Kanonenschuss erinnerte schon kurze Zeit nach der Schlacht ein Gedenkstein mit der Inschrift *Lulu's erstes Debut 2ten August 1870, err. v. H. H. Baumann, Vet. v. 1814–1815.* Aber vom Original und der Inschrift ist nichts mehr zu sehen, denn, wie die Zeitschrift *Gartenlaube* 1871 verlauten ließ: „Es vergeht kein Tag, wo nicht dieser Stein von Reisenden besucht wird. Es sind indeß bereits so viele Stücke davon abgeschlagen und aus den Pappeln so oft Andenken herausgeschnitzt worden, daß nächstens weder vom Steine noch von den Pappeln etwas übrig sein wird."
Bereits 1914 war das Erinnerungsstück mehrfach erneuert worden und sogar mit einem schmiedeeisernen Zäunchen umgeben. Schließlich wurde es durch einen neuen Stein ersetzt. Heute steht darauf *Lulustein 2ten August 1870* geschrieben, womit an die Feuertaufe eines kaiserlichen Prinzen erinnert wird.

Mike Durlacher

So geht's zum Lulustein:

Der Lulustein steht im Grün an der Straße, etwa gegenüber dem Haus im Lulustein 18.

Frank Schilling blickt zu dem Wappen über dem Gitter hinauf.

40

Bierkeller

Vom Kühlschrank, der kein Mundloch war

Dichterfürst Johann Wolfgang von Goethe (1749-1832) schrieb am 26. März 1810 in einem Brief an den Musiker Carl Friedrich Zelter (1758-1832) folgende Verse: *Hier sind wir versammelt zu löblichem Thun, / Drum, Brüderchen! Ergo Bibamus. / Die Gläser sie klingen, Gespräche sie ruh'n, / Beherziget Ergo Bibamus.*

Ganz gleich, ob derjenige, der diese Zeilen singt, Latein kann oder nicht – „ergo bibamus" bedeutet „lasst uns trinken" – so weiß er doch, dass in vielen Gasthäusern, Kneipen und ähnlichen Einrichtungen beim Trinken auch gerne das eine oder andere Lied geschmettert wird. Das wird auch im sogenannten „Grubencasino“ der Fall gewesen sein, in Verbindung mit einem Bier. Und damit dieses auch die gewünschte Trinktemperatur hatte – Kühlschränke waren Anfang des 19. Jahrhunderts noch nicht erfunden –, bediente man sich sogenannter Felsenkeller zum Kühlen. Es war sehr praktisch, dass gleich hinter dem Grubencasino der Berg anstieg und man dort einen kühlen Lagerraum aus dem Hang heraushauen und mit einer wunderschönen Zierfassade mit Türmchen und Mauerzinnen schmücken konnte. Dadurch ist der Bierkeller gar nicht mehr als solcher zu erkennen, denn der verzierte Eingang erinnert eher an ein Mundloch – einen Stolleneingang.

„Damit die Bergarbeiter keinen so langen Arbeitsweg hatten, wurden sogenannte Schlafhäuser erbaut.“

„Dass dieser Bierkeller so eine prächtige Fassade bekommen hat, hängt damit zusammen, wer alles hier in *Von der Heydt* gewohnt hat“, erklärt das Mitglied des Burbacher Kulturvereins Frank Schilling. In „Von der Heydt“, dem nördlich von Saarbrücken gelegenen Dorf, lebten früher die höheren, relativ gut verdienenden königlich-preußischen Werksbeamten. Und diese wollten natürlich nicht nur einen 08/15 Bierkeller. Der Platz, an dem das kühle Blonde aufbewahrt wurde, sollte schon etwas hermachen.
Entstanden ist der kleine Ort ab 1850, als der etwa 1,3 Kilometer lange Von-der-Heydt-Stollen zum Abbau von Steinkohle angelegt wurde. Ein Bahnanschluss folgte 1852. In dieses Jahr fällt auch die Gründung der Grube „Von der Heydt“, als die preußische Regierung, die das Gebiet seit 1815 besaß, das Saarland industriell und infrastrukturell erschloss und die Saareisenbahn baute (siehe Geheimnis 41).

Benannt sind sowohl die kleine Ortschaft als auch der Stollen und die Grube nach dem preußischen Handels- und Finanzminister August Freiherr von der Heydt (1801-1874). „Damit die Bergarbeiter keinen so langen Arbeitsweg hatten, wurden sogenannte Schlafhäuser erbaut“, weiß Frank Schilling. In diesen Häusern in Von der Heydt hielten sich die „Saargänger“, „Ranzenmänner“ oder „Hartfüßer“ genannten Bergarbeiter nach ihrer Schicht auf. Denn sie wohnten oft weiter weg, weshalb sie während der Arbeitswoche bei der Grube blie-

ben und nur für das Wochenende zu ihren Familien zurückkehrten.
Bei den Schlafhäusern – etwas typisch Saarländisches – handelte es sich um sogenannte „Repräsentative Schlafkasernen“, die nach dem Deutsch-Französischen Krieg 1870/1871 entwickelt wurden. Eines der beiden Schlafhäuser stand direkt beim Bierkeller. Es war 70 Meter lang, 19 Meter breit und für 250 Bergleute ausgelegt. In dem 1875 errichteten Schlafhaus war jedoch lediglich der rechte Flügel für die Arbeiter reserviert, ausgestattet mit einfachen Betten, Spinden, Aufenthaltsraum und Küche. Der linke Flügel des zweigeschossigen Schlafhauses wurde anderweitig genutzt: Er beherbergte das Casino, ein Lese- und Billardzimmer, auch einen Ausschank gab es, zusätzlich noch eine überdachte Kegelbahn und einen Musikpavillon für sonntägliche Konzerte. „Und damit der edle Gerstensaft, der hier gereicht wurde, immer schön kühl war, gab es eben hinter dem Haus den Bierkeller“, erklärt Frank Schilling.

Die imposante Fassade bildete den Eingang zum Bierkeller des Casinos.

Die Männer, die im anderen Teil des Hauses nächtigten, hatten davon aber nichts, im Gegenteil. Hier ging es ähnlich zu wie in einer Kaserne, es herrschten strenge Regeln: So gab es einen vom Bergamt eingesetzten Hausmeister, der die äußerst strikte, vom Staat vorgegebene Hausordnung durchsetzte. Laut dieser waren zum Beispiel Glücksspiel, Spucken und Pfeifenausklopfen verboten. Es gab Kleiderordnungen, und Belange der Reinlichkeit wurden geregelt. Frauenbesuch war bis auf das Vorbeibringen von Kleidung oder Essen verboten. Der Zapfenstreich erfolgte um 22 Uhr.
Die höheren Beamten lebten selbstverständlich nicht in diesen Schlafhäusern. Sie verdienten deutlich mehr als der gemeine Bergmann, waren angesehener und gehörten einer anderen gesellschaftlichen Schicht an. Zu ihnen zählten unter anderem die Steiger. Als Aufseher im Berg-

werk waren diese für einen bestimmten Bereich in ihrer Schicht verantwortlich. Sie untergliederten sich in Untersteiger, die nur einen kleinen Bereich zu verantworten hatten, Fahrsteiger, die mehrere Untersteiger unter sich hatten, und schließlich die Obersteiger, denen sämtliche Arbeiter und Beamten im Bergwerk unterstanden. Der Bergwerksdirektor lebte als höchster Beamter vor Ort in einer stattlichen Villa, Obersteiger wohnten in großen zweigeschossigen Häusern für zwei Familien, Fahr- und Untersteiger immerhin noch in einem eingeschossigen Ziegelhaus. Dieses war aber trotzdem noch besser ausgestattet als die sogenannten Prämienhäuser, die sich einfache Bergarbeiter mittels eines verbilligten Darlehens, der Prämie, leisten konnten. Jedes der Häuser hatte zur Selbstversorgung ein Gartengrundstück, in dem Gemüse angebaut, und ein kleines Wirtschaftsgebäude, in dem Schweine und Hühner gehalten werden konnten. Für alles Weitere stand ein „Königlich-Preußischer Consumverein“ zur Verfügung.

Für die Bergbeamten lebte es sich also durchaus anständig in Von der Heydt. Eigenes Haus, Garten, Casino und „Consum“ und obendrein ein eigener Bierkeller. Delf Slotta, Direktor des Instituts für Landeskunde im Saarland, beschreibt dessen Eingang in seinem Artikel *Der Steinkohlenbergbau an der Saar und sein bauliches Erbe* von 2007 wie folgt: „Die symmetrisch zur Mittelachse angelegte Architektur setzt sich aus zwei Teilen zusammen: Vor einem rückwärtigen, von drei achteckigen Türmchen mit dazwischen liegendem Zinnenkranz gekrönten, pylonartigen Baukörper, der sich nach oben zu leicht verjüngt und an den Kanten mit Buckelquadern zusammengefasst wird, steht das eigentliche Mundloch innerhalb eines niedrigeren,

Eisen und Schlägel, das archetypische Erkennungszeichen der Bergmänner, prangen stolz über dem Eingang.

vorspringenden Bauteils, der an ein mittelalterliches, von seitlich angeordneten Türmen begleitetes Tor erinnert und dessen Brüstungsteil das Bergbauemblem ‚Schlägel und Eisen' trägt."

„Dass an dieser Stelle keine Kohle gefördert wurde, zeigt schon ein kurzer Blick durch das Gitter am Eingang."

Das von Slotta erwähnte Mundloch ist aber eigentlich gar keines. Denn als Mundloch bezeichnet man die an der Hangseite gelegene Öffnung eines Stollens, durch die das Bergwerk betreten wird.

„Dass an dieser Stelle keine Kohle gefördert wurde, zeigt schon ein kurzer Blick durch das Gitter am Eingang", meint Frank Schilling und deutet auf das Dämmerlicht hinter der Absperrung. Denn dort kann man erkennen, dass schon nach wenigen Metern Schluss ist. „Es gibt zwar ein paar Löcher in der rückwärtigen Wand, die auf einen Hohlraum hindeuten, aber weit kommt man da nicht", erklärt er. Das macht aber auch nichts, denn genug Platz für das kühle Blonde war hier allemal, dann konnten die Herren Bergbeamten sich fröhlich singend „Ergo bibamus" zurufen, während im anderen Flügel die müden Bergarbeiter schnarchten, sicherlich nicht im Takt.

Mike Durlacher

So geht's zum Bierkeller:

Der Bierkeller befindet sich hinter dem Landesamt für Vermessung, Geoinformation und Landentwicklung in der Straße Von-der-Heydt 22.

Kleiner Fuji

Kein Vulkan mitten im Köllertal

Versteckt, fast schon verwunschen, liegt der steile Kegel im Wald in der Nähe des Naturfreundehauses bei Kirschheck: Etwas abseits vom Waldweg steigt auf einmal gleichmäßig und beinahe im 45-Grad-Winkel ein Hügel auf. Eine wackelig aussehende, von einem Baum halb überwachsene Holztreppe windet sich hinauf und endet auf einem kleinen Plateau von rund drei Metern Durchmesser. Hat sich der neugierige Wanderer – festes Schuhwerk wird empfohlen – hinaufgekämpft, wird er mit einer wunderschönen Aussicht belohnt, denn der Kegel erhebt sich gerade noch über die Baumwipfel, der Gipfelstürmer bekommt einen tollen Blick über das Köllertal.

„Willkommen auf dem kleinen Fuji", begrüßt Frank Schilling vom Kulturverein Burbach. Ein kurzer Blick auf das Material zu seinen Füßen, Schiefer, verrät, dass es sich – anders als bei seinem fast 3.800 Meter hohen Namensvetter auf der japanischen Hauptinsel Honshu – nicht um einen Vulkan handelt. „Seinen Namen hat der kleine Fuji hier aufgrund seiner dem japanischen Berg ähnlichen Form. Er erhebt sich wie der Fuji in Japan fast dreieckig in die Höhe", erklärt Schilling.

Wer auf die Idee kommt, hier eine Art antikes Hügelgrab zu vermuten, liegt falsch, denn die Erhebung ist zwar von Menschenhand gemacht, hat aber einen weitaus profaneren Ursprung. Einen materiellen nämlich, sogar einen industriellen. „Es handelt sich hierbei um eine kleine Bergehalde der Grube Von der Heydt", klärt der Heimatkenner über den Ursprung auf.

Die Grube gehörte zu den sogenannten Eisenbahngruben, die der preußische Bergfiskus anlegen ließ. Der Name rührt von der Saarbrücker Eisenbahnlinie, die die preußische Regierung zur Erschließung des Saarlandes verlegte und die von der damaligen bayerischen Grenze bei Bexbach über Saarbrücken bis nach Forbach an die französische Grenze führen sollte. Bayerische Grenzen in der Nähe Saarbrückens?

Die Aussicht lohnt sich, weiß Frank Schilling und erklimmt den kleinen Fuji.

„Das hat seine Richtigkeit, denn nach dem Zweiten Pariser Frieden wurden seit 1815 die französischen Departements de la Sarre, Mont Tonnerre und Moselle aufgeteilt. Preußen erhielt große Teile des Ersteren und Letzteren mit den meisten Erz- und Kohlevorkommen. Bayern bekam Gebiete aus dem Verwaltungsgebiet Mont Tonnerre, nur kleine Teile dieses Departements blieben bei Frankreich“, führt Frank Schilling aus.

„Das hat seine Richtigkeit, denn nach dem Zweiten Pariser Frieden wurden seit 1815 die französischen Departements de la Sarre, Mont Tonnerre und Moselle aufgeteilt.“

Die staatliche Grube wurde nach dem Bankier und preußischen Handels- und Finanzminister August Freiherr von der Heydt (1801-1874) benannt. Das Geburtsjahr der Grube war 1852, aber der Aufschluss, also die Erschließung des Kohleflözes, erfolgte schon 1850 von der Grube Gerhard im benachbarten Burbachtal aus. Hier wurde – das Kohleflöz trat an dieser Stelle an die Oberfläche – Tagebau betrieben. Der preußische Bergfiskus ließ einen Stollen von dort aus ins Köllertal vorantreiben. Da hier reichhaltige Kohlevorkommen angetroffen wurden, beschloss man, eine neue Grubenanlage einzurichten, die dann am 15. November 1852 feierlich unter Anwesenheit August von der Heydts und des französischen Handelsministers Pierre Magne (1806-1879) eröffnet wurde. Gleichzeitig erfolgte der Anschluss an die Saarbrücker Eisenbahnlinie. „Und für den langen Stollen wurde unter anderem der Schacht Kirschheck II angelegt, der heute unter dem Parkplatz des Naturfreundehauses liegt“, berichtet Schilling. Dieser Grubenbau wurde zunächst zu dem Zweck gegraben, von hier aus als „Gegenort“ den langen Burbacher Schacht fertigzustellen. Zur Erklärung für alle Nicht-Bergleute: Wenn an einem Stollen von zwei Seiten gleichzeitig gegraben wird, um sich dann in der Mitte zu treffen, nennt man die Gegenseite „Gegenort“. „Kirschheck II lag aber mittendrin, es wurde also von hier aus in zwei Richtungen gegraben, zum Mundloch bei Von der Heydt und weiter in die andere Richtung“, so Schilling. Als der lange Stollen fertig war, wurde Kirschheck II als sogenannter Wetter- und Personenförderungsschacht genutzt. Mit „Wetter“ ist der Lufthaushalt im Bergbau gemeint: Die Versorgung mit Frischluft unter Tage ist das Frischwetter. Das Abwetter kann in mattes Wetter, böses Wetter und Schlagwetter unterteilt werden. Mattes Wetter ist Luft, die schon zu verbraucht ist und zu wenig Sauerstoff enthält. Böses Wetter wiederum ist Luft, die zum Beispiel durch giftige Gase wie Schwefel oder Kohlenstoffmonoxid verunreinigt wurde und so beim Einatmen zum Ersticken führt. Bei Schlagwetter handelt es sich um eine hochexplosive Mischung aus Methan und Sauerstoff, die bereits beim kleinsten Funken explodieren kann.

Der Abraum, den man beim Graben des Stollens aus der Erde holte, wurde zum Platzproblem, er musste irgendwo hin. „Und dieser Ort war der Platz, an dem heute der kleine Fuji steht", weiß das Mitglied des Kulturvereins Burbach. „Aber das hier war natürlich nicht der gesamte Abraum, das wäre zu wenig, der Rest kam irgendwo anders hin." Über ein Förderband gelangte das Material vom Schacht bis hierher, wo es vom Band fiel und diese charakteristische spitzkegelige Form bildete.

Der kleine Fuji liegt mitten im Naturprojekt „Urwald vor den Toren der Stadt" des NABU und trägt zu dessen Einzigartigkeit bei.

Mike Durlacher

So geht's zum kleinen Fuji:

Der kleine Fuji liegt versteckt im Köllertalwald beim Naturfreundehaus bei Kirschheck. Vom dortigen Parkplatz ist er zu Fuß zu erreichen, wenn man etwas bergab geht, den ersten Weg, der rechts abzweigt, einschlägt und diesem ungefähr zehn Minuten folgt. Er befindet sich etwa 50 Meter abseits des Weges auf der linken Seite.

Herbert Saar kennt als Mitarbeiter die Geschichte des Jugendhilfezentrums, von der auch die Zeilen auf der Steintafel neben ihm erzählen.

42

Renaissanceportal

Vom Rittergut zum Kinderheim

Da hilft auch kein „Sesam, öffne dich": Das Renaissanceportal am Haus des Jugendhilfezentrums bleibt verschlossen. Der braune Rahmen ist außen rechteckig; die innere Öffnung formt oben eine geschweifte Klammer und fasst statt einer Tür eine steinerne Tafel ein. Über der Tafel steht die Zahl *1561* geschrieben, und auf der Platte selbst wurde über die gesamte Fläche eine lange Inschrift eingraviert, die – mit einem „i" zu wenig und einem „v" zu viel – über die Geschichte des Ortes informiert.

Diese beginnt mit der Errichtung des Hauses im Jahr 1227, *Als Stiftung der Ordenskomturei des Deutschherrn-Ritterordens durch Graf*

Simon III. Die Inschrift fährt fort, dass *das Haus nach einer Versteigerung durch die Franzosen im Jahre 1804 durch Ankauf 1896 an die Stadt Saarbrücken* kam.

Über die weitere Entwicklung heißt es: *Im Jahre 1897 wurde das von der Saarbrücker Bürgerschaft 1836 als Waisenhaus gegründete <Prinz Wilhelm und Mariannen-Institut> hierhin verlegt. Hier verbleb es in ungestörter Entwicklung bis der nahe Frontverlauf des Zweiten Weltkriegs eine erste Evakuierung nach Thueringen von Ende August 1939 bis Juli 1940 erforderlich machte. Schwere Bombennaechte und Artilleriebeschuss gefaehrdeten im Jahre 1944 wiederum das Leben der Kinder, so dass eine erneute Verlegung notwendig war.*

Die Inschrift endet mit den Zeilen: *Nach der Beseitung der schweren Kriegsschäden wurde das Haus 1945 wieder bezogen und in den Jahren 1953 bis 1959 umgebaut und wesentlich erweitert. Am 18.7.1958 erfolgte die Umbenennung in <Kinderheim der Stadt Saarbrücken>* .

„Im Zuge des Umbaus in den 1950er-Jahren wurde auch ebenjene Steinplatte hier angebracht", ergänzt Herbert Saar, der als Gruppen- und Elternberater im Jugendhilfezentrum tätig ist. Das Portal, in dessen Öffnung die Tafel sitzt, ist jedoch schon deutlich älter, worauf die Jahreszahl 1561 bereits hinweist. Es handelt sich dabei um ein Relikt aus dem Vorgängerbau.

Wie der Inschrift zu entnehmen ist, ließen sich im ersten Drittel des 13. Jahrhunderts die Ritter des Deutschherrenordens auf dem Gelände nieder, die sich dort der Fürsorge und Pflege von Kranken und Bedürftigen widmeten. Es entstanden drei Gebäudekomplexe: eine Kapelle im Norden, eine Scheune im Süden und dazwischen der Wohntrakt, das sogenannte Deutschherrenhaus. Letzteres ließ Geiselbart Schenk von Schmidburg, der Mitte des 16. Jahrhunderts als Komtur die Leitung und Verwaltung des Gutes innehatte, in den Jahren 1557 bis 1561 neu errichten. Gute 300 Jahre später wurde das Haus 1870 zerstört und danach stark verändert wiederaufgebaut. „Dabei fanden einige der architektonischen Elemente aus dem Vorgängerbau bewusst erneut Verwendung, wie eben auch das Renaissanceportal", erläutert Herbert Saar.

Die baugeschichtliche Entwicklung der Deutschherrenkommende und die Geschichte des heute dort ansässigen Jugendhilfezen-

trums liefen schließlich 1896 zusammen, als das bereits 50 Jahre zuvor als „Armen-, Erziehungs- und Waisen-Anstalt" gegründete „Prinz Wilhelms- und Mariannen-Institut" auf das Areal zog. In diesem wurden die Kinder mit wilhelminischer Strenge erzogen. Die Festschrift des Jugendhilfezentrums anlässlich des 100-jährigen Bestehens 1996 zitiert einen Zeitungsartikel von 1846, in dem es heißt: „Der Zweck des Instituts ist, die Kinder armer Eltern unter ihre besondere Aufsicht und Leitung zu nehmen, sie von physischem und moralischem Verderben möglichst zu bewahren, sie insbesondere dem nachtheiligen Einfluß des bösen Beispiels ihrer gewöhnlichen Umgebung zu entziehen, ohne sie jedoch dem Familienleben zu entfremden, sie sodann an Fleiß und Ordnung zu gewöhnen und zu nützlichen Gliedern der bürgerlichen Gesellschaft wie zu würdigen Gliedern der christlichen Gemeinschaft heranzubilden."
Die Mädchen und Jungen waren in zwei getrennten Schlafsälen untergebracht. Im Sommer mussten sie um 5 Uhr morgens aufstehen, im Winter war ihnen eine Stunde mehr Schlaf vergönnt. Die Kinder führten ein einfaches Leben: Sie trugen alle die gleiche zweckmäßige Kleidung, und zu essen gab es meist Suppe, Gemüse und Brot. Streiten oder Schimpfwörter verwenden waren verboten, und es gehörte selbstverständlich zu den Aufgaben der Schützlinge, im Stall, im Garten und im Haushalt mitzuhelfen.

Die Wiederangliederung des seit dem Versailler Vertrag unter Völkerbundsmandat stehenden Saarlandes an das Deutsche Reich 1935 brachte es mit sich, dass die Jungen in die „Hitlerjugend" und die Mädchen in den „Bund Deutscher Mädel" eintreten mussten. Die Schäden, die der Zweite Weltkrieg an den Gebäuden des Heimgeländes hinterlassen hatte, konnten danach zügig behoben und die Kinder, die von ihrer Evakuierung zurückkehrten, bald wieder dort untergebracht werden.

Wie auch der auf der Steinplatte befindlichen Inschrift an ihrem Ende zu entnehmen ist, wurde die Einrichtung ein gutes Jahrzehnt später umbenannt. „Zunächst hatte sie Waisenhaus geheißen und dann Kinderheim der Stadt Saarbrücken", führt der Diplom-Soziologe aus. Die Chronik des Heims ist mit der Namensänderung 1958 jedoch keinesfalls abgeschlossen. „Schon zuvor hatte der damalige Waisenhausvater klargemacht, dass die räumliche Situation nicht mehr tragbar ist", erzählt Saar. Daher wurde dem Gelände von 1953 bis 1961 unter der Leitung des Architekten und Saarbrücker Stadtbaumeisters Peter Paul Seeberger (1906-1996) ein weiterer Gebäudetrakt hinzugefügt. Im Laufe der Zeit änderte sich jedoch das Heimkonzept – vor allem die 1970er-Jahre gelten als Dekade pädagogischer Reformen – und damit auch die baulichen Ansprüche, sodass das „Seeberger"-Gebäude um 1980 bereits wieder abgerissen wurde, um dem Neubau von sogenannten Familiengruppenhäusern Platz zu machen. In diesen wohnen seither nach dem lebensnahen Familienprinzip Kleingruppen von jeweils neun Kindern und Jugendlichen, die von einem Erzieher-Team betreut werden, im Alltag mehr oder weniger autonom sind und sich selbst versorgen. Bis in die späten 70er-Jahre waren die Küche, die Wäscherei und der Einkauf zentral organisiert gewesen.

Im Zuge dessen änderte sich 1980 auch der Name in Jugendhilfezentrum. Am pädagogischen Puls der Zeit steht bis heute die Fürsorge für Kinder und Jugendliche im Mittelpunkt. Und die Arbeit an diesem Ort steht somit in der Tradition des sozialen Engagements und des Dienstes an der Gesellschaft, für die die Ritter des Deutschen Ordens einst den Grundstein legten. Das Renaissanceportal erinnert noch heute an dieses historische Erbe.

Elena de F. Oliveira

So geht's zum Renaissanceportal:

Es befindet sich an der Nordseite des Verwaltungsgebäudes des Jugendhilfezentrums in der Pfählerstraße 2.

Hoch oben über dem Kopf von Dr. des. Heidi Kügler sitzt der Schlussstein im Eingangsportal.

43

Schlussstein

Ägypten im Saarland?

Rathäuser sind die Zentren kommunaler Macht, hier schaltet und waltet das gewählte Gemeindeoberhaupt: der Bürgermeister. Zusammen mit seinen Mitarbeitern und dem Gemeinde- oder Stadtrat führt er die Geschicke des Ortes und seiner Einwohner – zumindest auf kommunaler Ebene. Bürgermeister sind stolz auf ihr Dorf oder ihre Stadt, die Einwohner ebenso. Und das Rathaus, neben der Kirche das Zentrum eines Gemeinwesens, zeigt diesen Stolz. So auch in Dudweiler, wo Bauformen und Bildprogramm mit Herrschaftssymbolen dieses Selbstverständnis veranschaulichen.

Dr. des. Heidi Kügler, Kunsthistorikerin und Vorsitzende Saarländischer Verein für Denkmalschutz, steht vor dem Rathausportal und zeigt nach oben: „Ein interessantes Symbol ist der Schlussstein im Portal des Haupteingangs." Hier wacht ein Kopf mit einem Kopftuch, das mit einem Nemes-Kopftuch – also einem ägyptischen Herrschaftssymbol – verwechselt werden könnte, über dem Eingang.

Schon an den farblichen Abweichungen der Sandsteinfassade lässt sich erkennen, dass das Rathaus in mehreren Bauphasen entstanden ist. Der Flügel rechts des Haupteingangs ist in einem blasseren Rotton gehalten. Der hier verwendete Sandstein geht farblich mehr ins Orange-Braun, während der linke Trakt einschließlich des Turms von rötlicher Farbgebung ist. Der rechte, fünfachsige Gebäudeabschnitt wurde 1874/1875 als freistehendes Bauwerk errichtet und beinhaltete die Wohnung des Bürgermeisters, die Verwaltungsräume der Gemeinde und die Polizeistation. „Das einstige Gemeindehaus zeichnet sich durch klassizistische Formelemente und Bauzier aus, wie zum Beispiel an der flachdreieckigen Giebelbekrönung in der Mittelachse über dem heutigen Fenster zu erkennen ist", erläutert Heidi Kügler.

Durch den Bergbau bedingt, wuchs die Bevölkerung Dudweilers stark an, die Gemeinde konnte sich ein neues Rathaus leisten. Also wurde in den Jahren 1906/1907 angebaut, und zwar kräftig: Den alten Eingang gestaltete man zu einem Fenster um, der Turm mit dem bemerkenswerten Erker kam hinzu und der linke Flügel mit seinem Ziergiebel wurde errichtet.

Der Kopf mit dem vermeintlich ägyptischen Kopfschmuck.

Der Erker über dem Eingangsportal ist mit Bildreliefs verziert, die Herrschaftssymbole tragen. Er gehört zum Herrenzimmer des Bürgermeisters, der auf dieser Etage auch seine weiteren, privat genutzten Wohnräume hatte. Im Bildprogramm des Erkers finden sich Lorbeer als Siegespflanze, Eichenlaub als Zeichen der Treue, der Reichsadler, Greifen und Wappen. Auch das frühere Wappen der Grafschaft Nassau-Saarbrücken mit einem silbernen Löwen und vier Tatzenkreuzen ist dort zu sehen. Ein weiterer Wappenschild greift die Symbolik auf, die sich auch heute noch im Dudweiler Wappen findet, obwohl Dudweiler damals kein eigenes Wappen besaß: der nassauische Löwe und der Schlegel oder Hammer als Symbol für den Bergbau.

Und zu diesem symbolträchtigen Ensemble kommt eben ein weiteres Element hinzu, dessen Interpretation Spielraum für Spekulationen lässt: der Schlussstein im Torbogen über dem Portal des Haupteingangs. Er zeigt die Physiognomie einer Person, deren Geschlecht nicht eindeutig zu bestimmen ist. Sie trägt eine etwa kinnlange Kopfhaube, die an das Nemes-Kopftuch der Pharaonen erinnert, welches als Herrschaftssymbol interpretiert werden kann. Die nordafrikanischen Herrscher trugen dieses Kopftuch anstelle oder unter ihrer Krone, es bedeckte dabei die Stirn, lag am Kopf eng an und fiel hinter den Ohren nach unten.

Tatsächlich äußerte der Knappschaftsdistriktarzt Dr. Ludwig Teich (1826-1902) die Vermutung, Dudweiler sei eine Pfahlbau-Niederlassung der Ägypter gewesen, was er anhand archäologischer Funde zu erkennen glaubte. Ob diese Auffassung damals geteilt wurde und in die Gestaltung des Rathauses einfloss, ist unklar. „Denn Kopfhauben mit einem weich das Gesicht umrundenden Faltenwurf, wie hier am Schlussstein zu sehen, haben als Trachtenelement auch eine europäische Tradition, die bis in das Mittelalter zurückreicht“, weiß Heidi Kügler zu berichten.

Wen der Schlussstein am Dudweiler Rathaus nun auch immer darstellen soll – das Gebäude entsprach dem Repräsentationsverlangen der stolzen Gemeinde und verkörpert den Saarbrücker Stadtteil noch heute.

Mike Durlacher

So geht's zum Schlussstein:

Der Schlussstein befindet sich am Eingang des Rathauses von Dudweiler in der Rathausstraße 5.

Klaus Friedrich deutet mit den Händen das Ausmaß der Ausschabungen an.

44

Wetzrillen

Teuflische Krallen und göttlicher Segen

Die Zeit hat an der gotischen Stiftskirche St. Arnual ihre Spuren hinterlassen. Bei manchen lässt sich eindeutig nachvollziehen, wie sie in die geweihten Mauern gelangten. „Es finden sich zum Beispiel Einschusslöcher aus dem Krieg sowie Löcher, die das Errichten dieses Bauwerks mithilfe von Greifzangen dokumentieren", weiß Klaus Friedrich, Initiator der kulturtouristischen Themenroute BarockStraße SaarPfalz. Andere Narben im Gemäuer, die sogenannten Wetzrillen, geben ihre Herkunft nicht so einfach preis, denn das Wissen über die geheimnisumwitterten Spuren ging im Laufe der Zeit auf unerklärliche Weise verloren.

„Im Volksmund heißen sie auch Teufelskrallen", erzählt Friedrich über dieses an vielen alten Kirchen anzutreffende Detail. Der Leibhaftige, so sagt man, habe seine Klauen in den Stein gehauen, aus Unwillen gegenüber dem Gotteshaus. Diese Theorie kann unstrittig ins Reich der Sagen verwiesen werden. Es ist vielmehr davon auszugehen, dass die Rillen das Ergebnis menschlichen Brauchtums sind, in dem wohl auch der Volksglaube eine große Rolle spielte. „Es gibt verschiedene Formen dieser Ausschabungen, die länglichen Kerben sind aber wohl durch Klingen entstanden, die eben am Stein *gewetzt* wurden", führt der Stadtkenner aus. An der Stiftskirche St. Arnual muss jemand ganz ordentlich gewetzt haben: Am Pfeiler an der südwestlichen Ecke des Kirchenschiffs prangt auf Brusthöhe eine beachtliche Delle im Stein. Da sich daneben die historische Zehntscheuer befand, hat man in St. Arnual zudem die pragmatische Erklärung parat, dass die Kerben Zählmaß für die eingelieferten Abgaben waren.

Generell kommen mehrere Erklärungsansätze für die Entstehung der europaweit anzutreffenden Rillen in Betracht. So soll es im Mittelalter Brauch gewesen sein, die Waffe vor dem Betreten der Kirche symbolisch zu entschärfen, indem ihr Träger sie am Stein entlangschliff. Eine weitere Deutung bringt die Wetzrillen mit der Schwertweihe an heiligen Gebäuden in Zusammenhang. „Gewetzt, geschabt und gekratzt wurde auch zum Erlangen göttlichen Beistands oder zur Abwehr teuflischer Kräfte", schreibt Hans Coppel in einem Beitrag über *„Wetzrillen" und andere rätselhafte Spuren*. Als relativ plausibel gilt die Theorie, dass an den Mauern der Gotteshäuser Steinmehl abgeschabt wurde, welches sich im Mittelalter als Arzneimittel großer Beliebtheit erfreute. So wurde ihm nachgesagt, die Potenz zu steigern und, prophylaktisch eingenommen, Krankheiten vorzubeugen.

Ob symbolische Handlung oder religiöses Patentrezept: Die Wetzrillen erinnern in jeder Hinsicht an ein Kapitel der Kulturgeschichte, das den geweihten Steinen eine große Bedeutung beimaß.

Elena de F. Oliveira

So geht's zu den Wetzrillen:

Sie befinden sich etwa auf Brusthöhe am südwestlichen Pfeiler der Stiftskirche St. Arnual am St. Arnualer Markt 4.

Hoch oben über den Dächern von St. Arnual thront die Bronzefigur.

45

Dachfigur

Schwindelfrei seit 1954

Wahrscheinlich niemand genießt einen so atemberaubenden Blick über Saarbrücken wie sie: die bronzene Gestalt, die den Dachfirst des langgestreckten Gebäudes ziert. Nach Norden schauend, thront sie auf dem Wackenberg im Stadtteil St. Arnual. In dem Haus unter ihr hat das Landesamt für Umwelt- und Arbeitsschutz seinen Sitz.

Die grün angelaufene Frauenfigur balanciert auf einer goldenen Kugel. Sie ist in ein bodenlanges Gewand und einen Umhang gehüllt und trägt eine goldene Krone auf dem Haupt. Darüber schwebt ein Heiligenschein mit kreisförmig angebrachten Sternen. In der rechten

Hand hält sie ein Zepter und auf ihrem linken Arm ein ebenfalls bekröntes Kind. „Das ist eine Madonnenfigur", gibt der Historiker und ehemalige Mitarbeiter des Kultusministeriums Stefan Weszkalnys die naheliegende Antwort auf die Frage, wen die Bronzene auf dem Dach darstellt.

Der Blick ins Kunstlexikon ergibt, dass es sich um eine bestimmte Form eines Marienbildnisses handelt: eine sogenannte Mondsichelmadonna. Charakteristisch für diesen Typus ist, dass die Muttergottes, meist mit dem Jesuskind im Arm, auf der namensgebenden Mondsichel steht. Dieses Motiv taucht bereits im 12. Jahrhundert auf und geht wohl auf eine biblische Textstelle in der *Offenbarung* des Johannes zurück, in der von der „apokalyptischen Frau" die Rede ist. Mit dieser wurde Maria seit der Gotik gleichgesetzt. Sie wird beschrieben als „eine Frau, mit der Sonne bekleidet; der Mond war unter ihren Füßen und ein Kranz von zwölf Sternen auf ihrem Haupt. [...] Und sie gebar ein Kind, einen Sohn, der über alle Völker mit eisernem Zepter herrschen wird."

Auch wenn die goldene Kugel unter den Füßen der Bronzefigur auf dem Wackenberg eher einen Vollmond assoziiert, finden sich viele ikonografische Parallelen. So zum Beispiel das Zepter in ihrer Hand und der Kranz über ihrem Kopf, dessen Sterne die zwölf Stämme Israels symbolisieren. „Eine ungewöhnliche Zierde für einen öffentlichen Verwaltungsbau", stellt Stefan Weszkalnys fest. Da hat er nicht unrecht. Wie also kam die Heilige zu ihrer exponierten Stellung in luftiger Höhe?

Die Nutzungsgeschichte des Gebäudes gibt darüber Aufschluss. „Bevor das Haus vom Land übernommen wurde, befand sich dort ein Lehrlings- und Jugendwohnheim", berichtet der Stadtkenner. Genauer gesagt ein „Don-Bosco-Heim", das auf Initiative des saarländischen Salesianerpaters Josef Zöllner und nach Plänen des Architekten Robert Rheinstädter 1952 bis 1954 errichtet und durch den Salesianer-Orden eröffnet wurde. Dieser geht auf den italienischen römisch-katholischen Priester Giovanni Bosco (1815–1888), Don Bosco genannt, zurück, der die „Gesellschaft des Heiligen Franz von Sales" 1859 ins Leben rief. „Don" ist in Italien sowohl ein Ehrentitel als auch die Anrede für katholische Geistliche.

Im Alter von neun Jahren soll der Ordensgründer einen Traum gehabt haben, aus dem das grundlegende Motto seiner Pädagogik hervorging: „Nicht mit Schlägen, sondern mit Güte wirst du sie zu Freunden gewinnen." In Turin begann der junge Priester, sich um Jugendliche zu kümmern, die ihr Leben auf der Straße fristeten, und erteilte ihnen Unterricht in Lesen, Schreiben und der christlichen Glaubenslehre. Auf den Säulen von Erziehung und Fürsorge gründete Bosco zunächst sein „Oratorium", dem später Volks-, Berufs- und Lateinschulen sowie Lehrwerkstätten folgten.

In dieser Tradition stand auch das Lehrlings- und Jugendheim in St. Arnual. Stefan Weszkalnys kennt die Einrichtung aus eigener Erfahrung. „1955, mit 13, wurde ich dort für vier Wochen in Quartier gegeben, während meine im Krieg verwitwete Mutter und mein neuer Stiefvater auf Hochzeitsreise waren", erzählt er.

„Eine ungewöhnliche Zierde für einen öffentlichen Verwaltungsbau."

Knapp 25 Jahre nach seiner Einweihung am 19. September 1954 wurde das Don-Bosco-Heim 1979 geschlossen und das Gebäude durch die Landesregierung aufwendig renoviert. Seither lernen und spielen unter dem Dach der Madonna keine Jugendlichen mehr. Wo einst die Schützlinge der Salesianer sportlichen Betätigungen nachgegangen waren, parkten nun Autos, und Beamte bezogen die Räumlichkeiten. Die Heilige aber steht unverändert schwindelfrei hoch oben über ihren Köpfen – und die Arbeit an diesem Ort nach wie vor unter gleich zwölf guten Sternen.

Elena de F. Oliveira

So geht's zur Dachfigur:

Sie befindet sich auf dem Dach des Landesamtes für Umwelt- und Arbeitsschutz in der Don-Bosco-Straße 1.

Dr. Ilka Desgranges hat der preußischen Königin einen Besuch abgestattet und sich zu ihrer Rechten niedergelassen.

46

Luisenbrunnen

Die Königin, der Kaiser und der Kult

Dem Namen „Luise“ begegnet man in Saarbrücken des Öfteren. „Wir haben beispielsweise ein Luisenviertel und eine Luisenbrücke“, zählt Dr. Ilka Desgranges, Leiterin der Redaktion Saarbrücken bei der *Saarbrücker Zeitung* auf. Bis 1947 waren auch die heutige Ursulinenstraße sowie die Ursulinenschule vorübergehend nach Luise benannt. All diese Benennungen gehen auf Königin Luise von Preußen (1776-1810) zurück. So auch der Luisenbrunnen in der Altneugasse, an dem steht: *Dem Andenken Preussens edler Königin Luise.* Unter der Inschrift prangt auf einer ovalen Bronzetafel das Konterfei der verehrten Dame.

Angesichts der Tatsache, dass Saarbrücken zu Luises Lebzeiten noch zu Frankreich gehörte, stellt sich die berechtigte Frage: Wie kommt es, dass sich hier ein solcher Kult um die preußische Königin entwickelte, dass gefühlt die halbe Stadt nach ihr benannt wurde? „Die Luisenverehrung war ein Phänomen, das sich in ganz Preußen zeigte", weiß Ilka Desgranges. Erst ab 1815, also fünf Jahre nach Luises Tod, gehörten Saarbrücken und ein Teil der Saarregion zu Preußen, und viele Karrierebeamte kamen von dort in die südwestlichste Stadt des Königreiches, in der man sich wohl besonders preußenfreundlich gab.

Das spiegelt sich auch in den Loyalitäts- und Sympathiebekundungen für die Person, die hier namentlich so präsent ist. Zunächst Herzogin von Mecklenburg, wurde die für ihre Schönheit und Anmut gepriesene Luise durch ihre Heirat mit Friedrich Wilhelm III. (1770-1840) am Heiligabend 1793 erst Kronprinzessin und nach dem Tod Friedrich Wilhelm II. 1797 Königin von Preußen. Ihr Gemahl, der als konfliktscheu und wenig entscheidungsfreudig galt, verfolgte in den Auseinandersetzungen mit Frankreich eine Neutralitätspolitik. Nachdem Napoleon Bonaparte (1769-1821) im Dezember 1804 zum Kaiser der Franzosen und gute sechs Monate darauf zum König von Italien gekrönt worden war, wuchs der Unmut unter den anderen Großmächten: Um der napoleonischen Expansionspolitik Einhalt zu gebieten, schlossen sich Russland, Großbritannien, Österreich, Schweden und Neapel zu einem internationalen Bündnis zusammen – aus dem sich Preußen heraushielt.

Die Bemühungen des preußischen Königs, dadurch einem militärischen Konflikt mit Frankreich aus dem Weg zu gehen, waren jedoch nicht von Dauer. So schloss er noch 1805 einen Allianzvertrag mit Zar Alexander (1777-1825) ab. Russland und Österreich mussten sich jedoch im Dezember in der Dreikaiserschlacht bei Austerlitz Frankreich geschlagen geben, wodurch der Druck Napoleons auf Preußen wuchs: Es musste in den von Napoleon diktierten Vertrag von Schönbrunn einwilligen, durch den es sich dessen gegen Großbritannien gerichteter Politik auslieferte. Dies wollte Friedrich Wilhelm jedoch letztlich nicht hinnehmen und forderte die Franzosen am 1. Oktober 1806 auf, ihre Truppen hinter den Rhein zurückzuziehen. Nachdem dies nicht den gewünschten

Effekt hatte, erfolgte am 9. Oktober „die überstürzte und unvorbereitete Kriegserklärung an Frankreich“, wie der *Preußen-Ploetz* schreibt. Bereits am 14. Oktober war mit Preußens Niederlage in der Schlacht bei Jena und Auerstedt die Sache entschieden, Napoleon zog am 27. Oktober als triumphierender Sieger in Berlin ein. Der königliche Hof floh von Berlin nach Ostpreußen. An der Seite Russlands setzte Preußen den Krieg bis zur endgültigen Niederlage bei Friedland in Ostpreußen (heute Russland) im Juni 1807 fort – jetzt allerdings war Russland bereit, sich auf Kosten Preußens mit Frankreich zu verständigen.

„Eine besondere Rolle kam Luise in den Friedensverhandlungen zwischen Preußen und Frankreich zu“, erzählt Ilka Desgranges. Am 6. Juli 1807 suchte die junge Königin Napoleon zu einem persönlichen Gespräch auf und bat ihn, Gnade walten zu lassen. Der machte jedoch keinerlei verbindliche Zusagen, und der drei Tage später geschlossene Friede von Tilsit kam Preußen teuer zu stehen. Es blieb zwar als Staat existent, musste jedoch die Hälfte seines Territoriums abgeben und enorm hohe Kriegskontributionen zahlen. „Obwohl Luises Einschreiten erfolglos blieb und sie sich damit einer äußerst demütigenden Lage aussetzte, hat man ihr das im Volk nie vergessen“, bilanziert die Redakteurin.

Das bronzene Konterfei der preußischen Königin Luise.

1809 wurde dem Königspaar die Rückkehr nach Berlin gewährt. Gerade einmal 34 Lenze zählte Luise, als sie ein Jahr später an den Folgen einer Lungenentzündung starb. In den 17 Jahren ihrer Ehe brachte sie zehn Kinder zur Welt, von denen sieben das Erwachsenenalter erreichten. Ihre Tochter Charlotte (1798-1860) sollte später unter dem Namen Alexandra Fjodorowna als russische Zarin, ihr Sohn Wilhelm (1797-1888) 1871 als erster deutscher Kaiser in die Geschichte eingehen.

Im Zuge der Reichsgründung nach dem Deutsch-Französischen Krieg 1870/71 stieg das Nationalbewusstsein innerhalb der Bevölkerung und damit einhergehend auch die Zahl an Denkmälern, die

den Kriegshelden errichtet wurden (siehe Geheimnis 08). „Dieser militaristisch orientierte Nationalstaat des deutschen Kaiserreiches brauchte aber auch Patriotinnen, Heldinnen, die all die von ihm propagierten Frauentugenden verkörperten, Mütterlichkeit und Opfermut bewiesen, heroisch und unbeirrbar handelten, sprich, die den Frauen Vorbild sein sollten“, schreiben Ruth Bauer und Karin Maaß in *Frauenwege in Saarbrücken*. Diese Rolle erfüllte Luise auf ideale Weise. Als „Mutter der Nation“ wurde sie fortan glorifiziert, was sich in einer Vielzahl ihr gewidmeter Denkmäler niederschlug. „Jeder, der seine Loyalität zu Preußen und gleichzeitig seine Abneigung gegen das napoleonische Frankreich zum Ausdruck bringen wollte, hat die preußische Königin verehrt“, erläutert die Stadtkennerin die Welle der Luisen-Begeisterung.
Dieser nationale Enthusiasmus war auch in Saarbrücken spürbar: 1876 entstand am Ufer der Saar der Luisengarten, ein Park, für den 1912 der gleichnamige Brunnen geschaffen wurde. Brücke, Stadtviertel, Straße und Schule erhielten den entsprechenden Namenszusatz. Neben den Namen ist jedoch bis auf den Brunnen nichts an originalen baulichen Zeugen geblieben. Die ursprüngliche Luisenbrücke flog am 6. Oktober 1944 in die Luft. „Und die Luisenanlage musste Anfang der 1960er-Jahre der Stadtautobahn weichen“, ergänzt Ilka Desgranges. Der Brunnen wurde jedoch gerettet und gelangte 1986, nach Zwischenaufenthalt in der Talstraße, in die Altneugasse. An diesem Standort, vor den Resten der alten Stadtmauer, laden steinerne Bänke links und rechts noch heute dazu ein, neben der preußischen Königin der Herzen Platz zu nehmen.

Elena de F. Oliveira

So geht's zum Luisenbrunnen:

Er steht auf der kleinen Grünfläche an der Kreuzung Altneugasse / Kirchgasse.

Steinernes Band

Geometrie versus Natur

Wenn es mittig läge und gerade ausgerichtet wäre, könnte man es für eine Abkürzung halten: das steinerne Band, das schräg durch den Garten des Saarländischen Landtags verläuft und die Grünfläche in zwei Hälften teilt. Zwar können Fußgänger durchaus darüber hinwegspazieren, als Verkürzung der Wegstrecke wurde es aber eigentlich nicht angelegt. Das Band ist viel mehr als das, erinnert es doch indirekt an den Mann, der Mitte des 18. Jahrhunderts Saarbrücken sein barockes Stadtbild verlieh und mit Bauwerken wie Schloss und Ludwigskirche die immer noch markantesten Wahrzeichen der heutigen Landeshauptstadt schuf.

Die Rede ist von Barockbaumeister Friedrich Joachim Stengel (1694-1787). Und der verlegte zur Realisierung seiner Vorhaben sogar die Saar, wie Stadtkenner Klaus Friedrich weiß: „Stengel hatte zunächst von 1739 bis 1748 ein Barockschloss anstelle des Vorgängerbaus auf dem Felsen errichtet, allerdings noch ohne Garten", erzählt der Initiator der Themenroute BarockStraße SaarPfalz. Für eine solche Grünanlage war im Südosten des Schlossfelsens damals nämlich gar kein Platz. „Dort floss die Saar in einem Bogen entlang", erläutert Friedrich anhand alter Pläne und Ansichten. Und man wollte nicht irgendeinen, sondern einen dem Zeitgeschmack entsprechenden französischen Garten, dessen Gestaltung strengen geometrischen Strukturen unterlag. „Als der Schlossbau beendet war, fing man ein paar Jahre später damit an, einen jardin à la française zu planen, der an den beiden Flügeln des Schlosses ausgerichtet werden musste", fährt Friedrich fort. „Dabei war die Saar mit ihrem ursprünglichen Verlauf allerdings im Weg, also hat Stengel 1761 kurzerhand den Felsboden gesprengt und sie in das heutige Flussbett zurückgedrängt."

„Die Vorderseite des Schlosses liegt mit der Stadt auf ebenem Boden, die Hinterseite dagegen am Abhange eines steilen Felsens. Diesen hat man nicht allein terrassenweis abgearbeitet, um bequem in das

Klaus Friedrich zeigt auf das steinerne Band, das die Grünfläche neben dem Landtag teilt.

Tal zu gelangen, sondern man hat sich auch unten einen länglich viereckten Gartenplatz, durch Verdrängung des Flusses an der einen und durch Abschroten des Felsens an der anderen Seite, verschafft, worauf denn dieser ganze Raum erst mit Erde ausgefüllt und bepflanzt worden. Die Zeit dieser Unternehmung fiel in die Epoche, da man bei Gartenanlagen den Architekten zu Rate zog, wie man gegenwärtig das Auge des Landschaftsmalers zu Hilfe nimmt", berichtete Johann Wolfgang von Goethe (1749-1832), der im Juni 1770 nach Saarbrücken gereist war, in seinen Memoiren *Dichtung und Wahrheit*.

Für die Ausführung des Gartens zeichnete der Hofgärtner Ludwig Wilhelm Köllner (1719-1779) verantwortlich. Fünf Jahre dauerte es, bis der imposante Barockgarten 1764 fertiggestellt war. Die ursprüngliche Fläche von etwa 700 mal 300 Meter Fläche ist heute stark geschrumpft. Nach der Plünderung und der anschließend erfolgten Zerstörung des Schlosses infolge der Französischen Revolution „wurden die Schloßruine und der Garten 1809/1810 in sieben Parzellen geteilt und an Saarbrücker Bürger verkauft; die fragmentarisch erhaltenen Terrassen des Gartens wurden im 19. Jahrhundert umgestaltet [...]", wie Historikerin Gerhild Krebs schreibt. Sie „tragen heute dem barocken Zustand wie den späteren Umgestaltungen Rechnung".

Mit der Entstehung des Schlossgartens wanderte die Uferlinie der Saar also Richtung Nordosten. Das vormalige Flussbett lässt sich mittlerweile aber wieder nachvollziehen. „Das steinerne Band markiert den Verlauf der alten Uferlinie der Saar, bis Stengel sie an dieser Stelle veränderte", verrät Klaus Friedrich. Insofern war es wohl von Vorteil, dass sich zwischen Landtag und Schloss kein französischer Garten mehr befand, als die Steine verlegt wurden. Denn das asymmetrisch verlaufende Band hätte der Barockbaumeister sicher nicht geduldet.

Elena de F. Oliveira

So geht's zum steinernen Band:

Es verläuft durch die Grünfläche neben dem saarländischen Landtag. Das Landtagsgebäude befindet sich in der Franz-Josef-Röder-Straße 7.

Karl Ernst Kugler bedauert, dass die Gedenktafel oberhalb des Erdgeschosses so wenig Beachtung findet.

48

Gedenktafel

Erinnerung an die Pogromnacht 1938

„Ich finde das tragisch", sagt Karl Ernst Kugler und deutet an der Hauswand zu der sehr kleinen und sehr unscheinbaren Tafel hinauf. „Das Tragischste ist natürlich das Ereignis an sich – aber ich finde es auch beklemmend, wie achtlos man hier vorübergeht." Die Gedenktafel erinnert an die Zerstörung der Synagoge, die bis zur Reichspogromnacht im November 1938 an dieser Stelle stand. „Diese erste Synagoge wurde von Architekt Friedrich Mertz zwischen 1889 und 1890 im byzantinisch-maurischen Stil errichtet", erzählt der Gästeführer. „Als Vorbild diente die große Synagoge von Florenz, die eine ähnliche Gestaltung aufweist."

Am Freitag, 21. November 1890, war die Saarbrücker Synagoge eingeweiht worden. 170 Männer fanden im Hauptraum Platz, 110

Frauen auf der Empore. Wie gut die Juden in Saarbrücken integriert, wie hoch sie geachtet und wie wohlgelitten sie waren, davon kündet ein Zeitungsartikel vom 22. November 1890. Die örtliche Presse schrieb: „Die Gemeinde darf sich zu dem so lange entbehrten, nunmehr prächtig erstandenen Gotteshause aufrichtig Glück wünschen, und mit ihren israelitischen Mitbürgern freut sich die gesamte Bürgerschaft unserer beiden Städte. Man gab dann auch dieser Freude namentlich in St. Johann durch reiche Beflaggung der Straßen Ausdruck." Dem Blatt zufolge muss es eine prachtvolle Veranstaltung gewesen sein: „Nach der nunmehr erfolgten Eröffnung der Synagoge strömten die Gemeinde und die Festteilnehmer in das Gotteshaus und nahmen die ihnen vom Komité angewiesenen Plätze ein. Alles war überrascht von der ebenso prächtigen, wie würdigen dekorativen Ausstattung des Gotteshauses und der effektvollen Beleuchtung des schönen Raumes." Der Autor der Zeilen wünschte: „Möge die neue Synagoge für unsere israelitischen Mitbürger stets eine Stätte der Erhebung zum Ewigen und des Friedens mit den Menschen sein; das walte Gott!"

„Diese erste Synagoge wurde von Architekt Friedrich Mertz zwischen 1889 und 1890 im byzantinisch-maurischen Stil errichtet."

Es macht betroffen, diese Zeilen zu lesen, geschrieben ein halbes Jahrhundert, bevor mit dem Holocaust unermessliches Leid über ebenjene israelitischen Mitbürger hereinbrach, denen die örtliche Presse zuvor noch so gute und fromme Wünsche mit auf den Weg gegeben hatte. Die Zeit, in der die Synagoge eingeweiht wurde, bildet einen Zwischenraum des Friedens zwischen Verfolgung, Pogromen und Hass: Schon im 14. Jahrhundert hatte es Judenverfolgungen gegeben, man warf ihnen vor, Schuld am Ausbrechen der Pest zu sein. „Die Juden mussten die meisten Reichsstädte verlassen und durften bis ins 18. Jahrhundert fast nur auf dem Land leben oder vor den Städten", erzählt Karl Ernst Kugler. Dies galt natürlich auch für Saarbrücken. Doch dann fiel Saarbrücken nach dem Ersten Koalitionskrieg infolge der Französischen Revolution an Frankreich. Nun war es den Juden wieder erlaubt, nach Saarbrücken zu ziehen. Im Jahre 1808 wohnten schon wieder 61 Juden in der Stadt. Anfang des 19. Jahrhunderts – seit

1815 gehörte der Kanton Saarbrücken zu Preußen und damit zum Deutschen Bund – begann der Zuzug, Ende desselben Jahrhunderts, 1890, wurde ihre Synagoge eingeweiht.
Die jüdische Gemeinde wuchs: „Am 1. Februar 1928 bestand die Gemeinde bereits aus 2.409 Seelen", ist auf der Homepage der Synagogengemeinde zu lesen. Als die Nationalsozialisten im Januar 1933 im Deutschen Reich an die Macht kamen, zählte sie 2.650 Mitglieder. „Diese Jahre, zumindest bis 1934, waren eine Epoche, in der das Saarbrücker jüdische Gemeindeleben blühte. Für die Gottesdienste an den Hohen Herbstfeiertagen musste, weil der Platz in den zwanziger Jahren in der Synagoge nicht mehr ausreichte, zusätzlich der Saalbau am Neumarkt angemietet werden; dort begleitete der Kinderchor der Gemeinde den Gottesdienst musikalisch", berichtet die Synagogengemeinde weiter. Die Gemeindemitglieder hätten größtenteils dem Bürgertum angehört, seien Privatbankiers, Bankdirektoren, Kaufleute, Rechtsanwälte, Leitende Angestellte und Künstler gewesen; aber auch Handwerker, „Serviertöchter" und Menschen, die in sozialen Berufen arbeiteten, seien vertreten gewesen.

„Sie konnten sich in den Jahren des aufkommenden Nationalsozialismus nicht vorstellen, dass sie, als ehemalige Kämpfer für Deutschland, von einer deutschen Regierung missachtet würden, und hofften, dass der ‚Spuk' bald vorübergehen würde."

„Und einige von ihnen waren auch politisch engagiert", sagt Kugler. „Einige waren Mitglied der Stadtverordnetenversammlung und die meisten waren ja auch wirklich deutschpatriotisch." Hatten sie doch im Ersten Weltkrieg Seite an Seite mit ihren christlichen Mitbürgern „für Kaiser und Vaterland" gekämpft, 28 von ihnen hatten auf den Schlachtfeldern ihr Leben für das Deutsche Reich gelassen. Und etliche von jenen, die überlebten, waren mit dem Eisernen Kreuz ausgezeichnet worden. „Sie konnten sich in den Jahren des aufkommenden Nationalsozialismus nicht vorstellen, dass sie, als ehemalige Kämpfer für Deutschland, von einer deutschen Regierung missachtet würden, und hofften, dass der ‚Spuk' bald vorübergehen würde", verdeutlicht die Jüdische Gemeinde.

Bis 1930 lebten die Saarbrücker Juden dann auch weitgehend in Frieden, antisemitischen Anfeindungen seien sie kaum ausgesetzt gewesen. Von 1920 bis 1935 stand das Saarland unter der Verwaltung des Völkerbunds und war wirtschaftlich an Frankreich angeschlossen. In dieser Zeit entwickelte sich eine starke pro-deutsche Strömung, die die Rückkehr zum Deutschen Reich propagierte. Diese wurde zunehmend von der NSDAP-Saar dominiert, die Parteien schlossen sich zur Deutschen Front zusammen. Und im Januar 1932 ging es los: Da überfielen Nazis die jüdische Pension und koschere Speisegaststätte Süßmann. Es gelang dem Besitzer aber, die braunen Brüder davonzujagen. Am 13. Januar 1935 entschied eine Volksabstimmung über die Zukunft des Saarlands. Und die war eindeutig: 90,73 Prozent der Saarländer wollten am 13. Januar 1935 „heim ins Reich", nur 0,4 Prozent waren für eine Angliederung an Frankreich und 8,86 Prozent fanden die bestehende Situation gut. Daraufhin fand am 1. März 1935 die Rückgliederung des Saar-lands an das Deutsche Reich statt.

Die Tafel hoch oben an dem Haus erinnert an die jüdische Synagoge, die bis zur Reichspogromnacht hier stand.

Immerhin hatten die saarländischen Juden danach Zeit bis zum 1. April 1936, eine persönliche Entscheidung zu treffen, denn bevor das Saargebiet 1935 wieder ins Deutsche Reich eingegliedert wurde, wurde im Dezember 1934 das „Römische Abkommen" unterzeichnet – auf Drängen internationaler jüdischer Organisationen. In dieser Zeit durften die Juden dem Abkommen entsprechend „ungehindert auswandern". Viele flohen unmittelbar, nachdem das Ergebnis der Volksabstimmung vorlag. Zahlreiche jüdische Geschäfte und Unternehmen wurden geschlossen und verkauft.

„Und dann also die Reichspogromnacht am 9. November 1938, die von den Nationalsozialisten Reichskristallnacht genannt wurde", sagt Kugler und spannt damit den Bogen zu der kleinen Tafel an der Hauswand. „Die Feuerwehr war da, aber sie sah einfach zu. Sie sollte ja nur arische Häuser schützen."
Die Nazis brannten nicht nur die Synagoge nieder, sie plünderten auch das Gemeindehaus – und sie zwangen rund 150 jüdische Männer, sich ihr brennendes Gotteshaus anzusehen: Sie holten die Männer aus ihren Wohnungen, misshandelten sie und trieben sie zu der Synagoge. Im Mai 1939 war es den Nazis gelungen, rund 90 Prozent der Juden an der Saar zu vertreiben. Und die wenigen, die noch blieben, wurden am 22. Oktober 1940 ins Konzentrationslager Gurs deportiert – von dort aus ging es weiter in die Vernichtungslager wie Theresienstadt und Auschwitz.

„Diese Synagoge ist die früheste Nachkriegssynagoge in ganz Deutschland. Für mich ist das etwas ganz Wunderbares."

Doch schon kurz nach Kriegsende keimte wieder Hoffnung, jüdisches Leben kehrte nach Saarbrücken zurück. Das schönste Symbol dafür ist für Karl Ernst Kugler die neue Synagoge: „Sie entstand in den Jahren 1948 bis 1951 nach den Plänen des Architekten Heinrich Sievers am Beethovenplatz", sagt er und betont: „Diese Synagoge ist die früheste Nachkriegssynagoge in ganz Deutschland. Für mich ist das etwas ganz Wunderbares."

Eva-Maria Bast

So geht's zur Gedenktafel:

Die Tafel, die an die einstige Synagoge erinnert, hängt am Eckhaus Kaiserstraße / Futterstraße.

Hier ruht
Katharine

Grabstein

Allein unter Männern

Zumindest auf Friedhöfen ist das Geschlechterverhältnis meistens recht ausgeglichen. Es sei denn, es handelt sich um einen Militärfriedhof wie beispielsweise das Ehrental im Deutsch-Französischen Garten. In diesem wurden die meisten Gefallenen der Schlacht um die Spicherer Höhen, die hier zu Beginn des Deutsch-Französischen Krieges am 6. August 1870 tobte, beigesetzt. Umso mehr überrascht es, dass auch eine Frau zwischen den Soldaten ihre letzte Ruhe fand. Auf ihrem Grabstein ist zu lesen: *Hier ruht Katharine Weißgerber, genannt „Schultze Kathrin", geb. den 3. August 1818, gest. den 6. August 1886. Dem heldenmutigen Mädchen zum ehrenden Gedächtnis, gewidmet von ihren Mitbürgern.*

„Katharine Weißgerber war eine berühmte Dienstmagd aus Alt-Saarbrücken, die sich in der Schlacht bei Spichern um die verwundeten und durstenden Soldaten verdient gemacht hat", weiß Stefan Weszkalnys. Damit nimmt der erfahrene Stadtführer bereits einen Teil der Erklärung vorweg, weshalb jener Dienstmagd die Ehre zuteilwurde, in einer militärischen Begräbnisstätte beigesetzt zu werden.

Im Alter von 15 Jahren kam Katharine Weißgerber 1833 als Dienstmädchen nach Saarbrücken, wo sie 1845 eine Stelle bei Karl Jakob Schultz und dessen Familie antrat. „Daher auch *Schultze Kathrin*. Das war der Name ihrer Dienstherrschaft", erklärt Stefan Weszkalnys. Als am 19. Juli 1870 der Krieg zwischen Frankreich und Preußen ausbrach, kümmerte Katharine sich mittlerweile um die drei Enkel, deren Mütter verstorben waren und deren Vater Eduard Schultz ein Jahr zuvor verschwunden war.

Schon am 2. August, als Alt-Saarbrücken von französischen Truppen in Anwesenheit des Kaisers Napoleon III. (1808-1873)

Stefan Weszkalnys kniet hinter dem Grab von Katharine Weißgerber, der einzigen Frau auf dem Ehrenfriedhof.

besetzt wurde, zeigte sich die Dienstmagd höchst engagiert: Um den Wunsch eines im Sterben liegenden Soldaten nach einem katholischen Priester zu erfüllen, nahm Katharine den gefährlichen Weg durch das französische Gewehrfeuer auf sich. Ob diese Heldentat sie in ihrem weiteren Handeln bestärkte, ist nicht bekannt. Aber ihr in der Grabinschrift gewürdigter Heldenmut wird gemeinhin auf ihr überliefertes Tun zurückgeführt, von dem sie sich wenige Tage später, am 6. August 1870, nicht abbringen ließ.

„Demnach soll sie furchtlos, eine Bütte auf dem Kopf, ins Schlachtfeld marschiert sein, um die verwundeten Soldaten mit Wasser zu versorgen", erzählt Stefan Weszkalnys. „Es war ja ein furchtbar heißer Augusttag, und wenn man Blut verliert, wird man sehr durstig." Zudem hatten die nachrückenden preußischen Truppen schon einiges in den Knochen stecken, als sie am Nachmittag eintrafen, um jenen Regimentern beizustehen, die schon am Vormittag ohne Kenntnis der tatsächlichen Stärke der Franzosen in den Kampf kommandiert und fast schon aufgerieben waren. „In Eilmärschen wurden sie aus 30, 40 Kilometer Entfernung hierhergeführt – zu Fuß!", fährt der Stadtkenner fort. „Wenn sie unterwegs durch einen Ort kamen, gaben ihnen die Bewohner Wasser oder Wein zu trinken, damit sie es überhaupt lebend nach Saarbrücken schafften. Und dann kamen sie hier an und mussten mit Marschgepäck sofort in die Schlacht, das war schon verrückt."

Die Inschrift rühmt Katharine Weißgerber für ihren Heldenmut.

Katharine Weißgerber wollte den Verletzten nun also tapfer zu Hilfe kommen, als ein berittener Offizier sie anschrie: „Weib, machen Sie, dass Sie fortkommen! Sehen Sie denn nicht, dass hier geschossen wird?" Von dieser Warnung blieb die Dienstmagd jedoch völlig ungerührt. Sie entgegnete: „Oh jo, Herr Leitnant, die schieße jo nit uff mich." Und damit sollte sie Recht behalten. „Sie war unerschütterlich und wurde erstaunlicherweise nicht verwundet", berichtet Weszkalnys.

Für ihren beherzten Einsatz wurde Katharine Weißgerber das „Verdienstkreuz für Frauen und Jungfrauen" verliehen. „Das war aber auch alles", ergänzt der Saarbrücker. „Sie ist bettelarm gestorben." Am 6. August 1886, auf den Tag genau 16 Jahre, nachdem sie so furchtlos über das Schlachtfeld geschritten war, segnete die berühmt gewordene Dienstmagd das Zeitliche. Als weibliches Pendant zum patriotischen Kriegshelden nahm der Mythos um „Schultze Kathrin" Gestalt an, ab 1928 wurden eine Straße und Mädchenschulen nach ihr benannt. Sowohl die Nationalsozialisten als auch in den 50er-Jahren das saarländische kommunistische Lager vereinnahmten sie als nationale Identitätsfigur. Später wurde sie dem Zeitgeist gemäß als Symbol der Völkerverständigung umgedeutet, obwohl nirgends belegt ist, dass sie sich auch um die gegnerischen Soldaten auf den im Kugelhagel schwer zu erklimmenden Spicherer Höhen gekümmert hat.

Die Grabsteine und Denkmäler auf dem Militärfriedhof im Ehrental erinnern heute sowohl an deutsche als auch an französische Gefallene, sowie an später verstorbene Beteiligte der Kämpfe. Und an eine Frau, die durch Selbstlosigkeit und Hilfsbereitschaft zur Heldin wurde.

Elena de F. Oliveira

So geht's zum Grabstein:

Das Grab von Katharine Weißgerber befindet sich auf dem Ehrenfriedhof unterhalb der Straße „Im Ehrental" im Deutsch-Französischen Garten.

50

Turmspitzen

Diamanten des himmlischen Jerusalem

Mitten in Saarbrücken leuchtet ein Diamant über der Stadt. Genauer gesagt, sind es zwei – und zwar ganz besondere. „Es sind die Diamanten des himmlischen Jerusalem", hat Wolfgang Peters, Diplom-Übersetzer und Lehrbeauftragter an der Universität des Saarlands, herausgefunden. Freilich sind es keine echten, sondern symbolische Edelsteine: Dreifach abgestuft aus Eisenbeton und mit Kupferdächern versehen, bekrönen sie die beiden Türme der katholischen Kirche St. Michael.

Als Wolfgang Peters seine Arbeit für ein Buch über die Michaelskirche aufnahm, fand er heraus, dass sich deren Architekt Hans Herkommer (1887-1956) und der Stadtplaner Bruno Taut (1880-1938) gut gekannt haben: „Die beiden haben zwei Jahre zusammen bei dem protestantischen Baumeister Theodor Fischer an der Technischen Hochschule Stuttgart studiert." Und da fiel es ihm wie Schuppen von den Augen: „Herkommer war – durch Taut – mit der Konzeption des kristallinen Expressionismus vertraut", folgert er. Wolfgang Peters kennt auch ein Zitat von Bruno Taut, der 1919 in seiner Schrift *Die Stadtkrone* meinte: „Es muß auch heute wie beim alten Stadtbilde sein, daß das Höchste, die Krone, sich im religiösen Bauwerk verkörpert. Das Gotteshaus bleibt wohl für alle Zeiten der Bau, zu dem wir immer hinstreben, der unser tiefes Gefühl den Menschen und der Welt gegenüber tragen kann." Tauts Stadtkrone, erklärt Peters in seinem 2014 erschienenen Buch *Die Pfarrkirche St. Michael in Saarbrücken: Stadtkrone und Engelskirche*, habe „das kulturelle Zentrum einer neuen, säkularen Stadt mit Theatern, Museen und einem Kristallhaus in der Mitte werden" sollen.

Herkommer hingegen habe für die moderne Industriestadt Saarbrücken das ursprüngliche Anliegen Tauts eines neuen monumentalen Gotteshauses aufgegriffen. Die Zutaten dazu: eine massige Silhouette, einfache Umrisse, grobes Mauerwerk. Eine Formensprache, die immer

Wolfgang Peters hat es entdeckt: Auf den Kirchtürmen befinden sich – symbolische – Kristalle.

wieder expressionistische Elemente verwendet. „Die Turmhelme mit ihren kristallinen Spitzen, Epiphaniekreuz und Dreiecke als Symbol für die Dreifaltigkeit", nennt Peters einige Beispiele, die man an der St. Michaelskirche entdecken kann. In seinem Buch schreibt er: „So finden sich reichlich Elemente des kristallinen Expressionismus mit seinen gezackten Figuren des Trapezes, Sterns und Dreiecks am Außenbau und im Innenraum von St. Michael wieder [...]. Die Turmhelme können als Kristalle im Sinne des Phantasten Scheerbart und Taut wie des Propheten Jesaja interpretiert werden." Denn Tauts Idee der „Stadtkrone" gründe „ikonographisch auf biblischen Texten". Er habe sich auf Stücke des Propheten Haggai über den „Wiederaufbau des Tempels" und aus der *Offenbarung* des Johannes über „Das messianische Jerusalem" bezogen. In *Offenbarung 21,10-11* steht geschrieben: „Und er führte mich hin im Geist auf einen großen und hohen Berg und zeigte mir die heilige Stadt Jerusalem herniederkommen aus dem Himmel von Gott, die hatte die Herrlichkeit Gottes; ihr Leuchten war gleich dem alleredelsten Stein, einem Jaspis, klar wie Kristall." Auch auf *Jesaia 54,12* habe er sich bezogen: „Aus Rubinen mache ich deine Zinnen, aus Beryll deine Tore und alle deine Mauern aus kostbaren Steinen." Und tatsächlich, wenn das Sonnenlicht am frühen Abend von Westen her durch die Dreiecksöffnungen der beiden Turmspitzen hindurchscheint, leuchten diese von innen wie Edelsteine.

Außergewöhnlich: die Turmspitzen der Kirche St. Michael.

Tauts Studienfreund Hans Herkommer habe also versucht, „die Konzeption der ‚Stadtkrone' auf die Architektur und Ausgestaltung der Kirche St. Michael zu übertragen und damit eine Synthese aus expressionistischem Gedankengut und christlicher Heilslehre herzustellen, wo sich die abstrakt-religiösen Vorstellungen einiger Expressionisten und die dogmatische Lehre der katholischen Kirche doch angeblich unversöhnlich gegenüberstanden", schreibt Peters. Kurzum: Er hat das Gotteshaus – ähnlich wie in der Gotik – als „himmlisches Jerusalem" konzipiert.

All das, sagt Wolfgang Peters, müsse man natürlich vor dem Hintergrund der Zeit sehen, in der das Gotteshaus gebaut wurde. 1899 wurde mit der Planung der Kirche begonnen. Doch erst 14 Jahre später, 1913, kam es zu dem Architektenwettbewerb, bei dem sich Herkommer, im zarten Alter von 26 Jahren, gegen 172 Mitbewerber durchsetzte. Dann stürzte der Erste Weltkrieg Deutschland ins Chaos, und auch in Saarbrücken hatte man andere Sorgen als den Bau einer Kirche. Die Grundsteinlegung erfolgte 1923, fünf Jahre nach Kriegsende. Schließlich ging es flott, am 27. September 1924 wurde das Gotteshaus bereits geweiht. Seitdem strahlen die beiden Kristalle des himmlischen Jerusalem über der Stadt. Und das hat eben gerade vor dem Hintergrund der Bauzeit eine ganz tiefe Bedeutung. Denn das „himmlische Jerusalem" aus der *Offenbarung* ist eine Vision, nach der am Ende einer Apokalypse eine neue Stadt, ein neues Jerusalem entstehen wird. Und eine Apokalypse hatte Saarbrücken, hatte die ganze Welt mit dem Ersten Weltkrieg gerade hinter sich gebracht. Allein: Eine weitere – der Zweite Weltkrieg – sollte wenige Jahre später folgen.

Da wirken die Worte Hans Herkommers in der Festschrift zur Einweihung der St. Michaelskirche 1924 regelrecht heilsam: „Wenn es für die schöpferischen Kräfte immer schwer sein wird, ihre Zeit in abstrakter Form widerzuspiegeln, so dürfte dies heute um so mehr der Fall sein, weil Verworrenheit und Zerfahrenheit auf allen Gebieten herrschen. […]Es handelt sich nun nicht darum, welche der Auffassungen die bessere oder richtigere ist, sondern darum, dem Kern beider Erscheinungen nachzuspüren, beiden gerecht zu werden, beiden Schranken zu geben, beiden ein Feld der Betätigung zuzuweisen und somit aus dem ursprünglichen Gegensatz eine Einheit zu bilden."

Eva-Maria Bast

So geht's zu den Turmspitzen:

Die Kirche St. Michael steht im Stadtteil St. Johann in der Schumannstraße 25.

Quellen, Literatur, Bildnachweis

Albrecht, Thomas: „Ars Sacra – Leben und Werk des Künstlers Ernst Alt". URL: http://www.orgelbauverein-st-ludwig-saarlouis.de/mediapool/90/902627/data/ARS_SACRA_Ernst_Alt_Kunstforum_Hanweiler_09_10_16.pdf. Abgerufen am 04.07.2018.

Architekturgalerie am Weißenhof, Stuttgart: Hans Herkommer. Ein Stuttgarter Architekt. Ausstellung vom 3. Oktober – 1. Dezember 2013. URL: https://www.uni-kl.de/FB-ARUBI/gta/Aktuell/PM_AGW_HerkommerNEU2.pdf. Abgerufen am 20.07.2018.

Artsimple: Saarbrückens Entwicklung als Hafenstadt. URL: http://www.artsimple.de/buergerpark/hafengeschichte-saarbruecken.html. Abgerufen am 18.07.2018.

Aufbaugesellschaft Saarbrücker Schloss mbH: Hintergründe und Freilegung. Geschichte 999 bis 2007. URL: http://www.saarbruecker-kasematten.de/history/htm/sf_0999.htm. Abgerufen am 03.07.2018.

Augé, Claude (Hrsg.): Petit Larousse illustré – Nouveau Dictionnaire Encyclopédique", 220. Auflage. Paris 1924.

Bauer, Gerhard: Die Flurnamen der Stadt Saarbrücken. Bonn 1955.

Bauer, Ruth: „Weiblicher Denkmalkult: Königin Luise und Katharina Weißgerber". In: Bauer, Ruth; Maaß, Karin: Frauenwege in Saarbrücken. Historische Stadtrundgänge. Saarbrücken 2002, S. 20-23.

Bender, Michael: „Die Geister schlummern längst". In: Saarbrücker Zeitung vom 26.04.2004.

beyars.com: Das grosse Kunstlexikon von P.W. Hartmann: „Mondsichelmadonna". URL: http://www.beyars.com/kunstlexikon/lexikon_6070.html. Abgerufen am 06.07.2018.

Biedermann, Hans: „Eiche". Knaurs Lexikon der Symbole. Augsburg 2000, S. 111.

Bilke-Perkams, Miriam: Saarländische Unternehmervillen zwischen 1830 und 1914 – unter besonderer Betrachtung der Region des Saarkohlenwaldes. Saarbrücken 2014, S. 170 ff.

Blazek, Matthias: Scharfrichter in Preußen und im Deutschen Reich 1866-1945. Stuttgart 2012, S. 35-46.

Bleibtreu, Carl: Spichern. Die Schlacht vom 6. August 1870. Band 2. Bad Langensalza 2009, S. 4.

Böcking, Werner: Schiffe auf der Saar – Geschichte der Saarschifffahrt von der Römerzeit bis zur Gegenwart. Saarbrücken 1984.

Brenner, Traudl: „Ein Sofa für den frierenden Griechen". URL: https://www.saarbruecker-zeitung.de/saarland/saarbruecken/kolumnen/ein-sofa-fuer-den-frierenden-griechen_aid-1530397. Abgerufen am 04.07.2018.

Dies.: „Langer Streit um den Nackedei". URL: https://www.saarbruecker-zeitung.de/saarland/saarbruecken/kolumnen/langer-streit-um-den-nackedei_aid-1539181. Abgerufen am 04.07.2018.

Brunner, Florian: Unterirdisches Saarbrücken. Saarbrücken 2011.

Bünte, Hans: Die abenteuerliche Geschichte einer Zeitung. 250 Jahre Saarbrücker Zeitung 1761-2011. Merzig 2012.

Burg, Peter: „Saarbrücken im Ersten Weltkrieg". In: Internetportal Rheinische Geschichte. URL: http://www.rheinische-geschichte.lvr.de/Epochen-und-Themen/Themen/saarbruecken-im-ersten-weltkrieg/DE-2086/lido/57d1376cb16501.46058993. Abgerufen am 18.07.2018.

Burgard, Paul: Ein Land fängt Feuer. Zur Entstehung der Bergbauregion an der Saar 1751-1870. In: Linsmeyer, Ludwig (Hrsg.): Das Erbe – Die Ausstellung zum Bergbau im Saarland. Saarbrücken 2012, S. 52-59.

Buss, Silvia: „Die spannende Geschichte des Luisenbrunnens. Ein Denkmal für die Preußen-Königin". URL: https://www.saarbruecker-zeitung.de/saarland/saarbruecken/saarbruecken/alt-saarbruecken/ein-denkmal-fuer-die-preussen-koenigin_aid-4809759. Abgerufen am 09.07.2018.

Dies.: „Nicht nur vor dem Tore. Apostel als Schlosswächter im Wasserfall". In: Saarbrücker Zeitung vom 31. August 2017. URL: https://www.saarbruecker-zeitung.de/saarland/saarbruecken/saarbruecken/apostel-als-schlosswaechter-im-wasserfall_aid-2899040. Abgerufen am 03.07.2018.

Cappel, Hans: „‚Wetzrillen' und andere rätselhafte Spuren unter besonderer Berücksichtigung saarpfälzischer Betreffe". In: Saarpfalz. Blätter für Geschichte und Volkskunde. Nr. 3, 2007. S. 40-51.

Conrad, Joachim: „Hofer Bernhard Gottfried". URL: http://www.saarland-biografien.de/frontend/php/ergebnis_detail.php?id=1799. Abgerufen am 19.07.2018.

Ders.: „Röchling Karl". URL: http://www.saarland-biografien.de/frontend/php/ergebnis_detail.php?id=822. Abgerufen am 20.07.2018.

Conrad, Joachim; Flesch, Stefan (Hrsg.): Burgen und Schlösser an der Saar. Saarbrücken 1988, S. 161, 167 f., 212, 228 ff.

Dadder, Rita: „Deutschherrenkapelle in Saarbrücken". URL: http://www.saarland-lese.de/index.php?article_id=461. Abgerufen am 17.07.2018.

Desgranges, Ilka: „Apostel in der zweiten Reihe". In: Saarbrücker Zeitung vom 13. Juni 2017.

Deutsche Provinz der Salesianer Don Boscos: Don Bosco. URL: https://www.donbosco.de/Ueber-uns/Don-Bosco. Abgerufen am 06.07.2018.

Die Gartenlaube, Jahrgang 1871, S. 760.

Die Woch: „Vom Hasspark zum Freundschaftspark". In: Die Woch vom 23.03.2013.

Engel, Ute: Stil und Nation: Barockforschung und deutsche Kunstgeschichte (1830-1933). Paderborn 2018, S. 17-56.

Evans, Sir Richard John: Rituale der Vergeltung – Die Todesstrafe in der deutschen Geschichte 1532-1987. Berlin 2001, S. 486.

Fabricius, Wilhelm: Erläuterungen zum geschichtlichen Atlas der Rheinprovinz. Fünfter Band: Die beiden Karten der kirchlichen Organisation, 1450 und 1610;

zweite Hälfte: die Trierer und Mainzer Kirchenprovinz; die Entwicklung der kirchlichen Verbände seit der Reformationszeit. Paderborn 1913, S. 295.

Fuchs, Antje: Zwischen Kommerz, Kommunikation und Kontrolle. Zur Wirtshauskultur in Saarbrücken und St. Johann im 18. Jahrhundert. Dissertation. Saarbrücken 2012, S. 29, 202-211.

Fell, Günter: Der brennende Berg. URL: http://www.fell-dudweiler.de/der_brennende_berg.htm. Abgerufen am 13.07.2018.

Freyer, Rainer; Presser, Karl: Die Saarbrücker Straßenbahn. Gesellschaft für Straßenbahnen im Saartal. URL: http://www.saar-nostalgie.de/Strassenbahn2.htm. Abgerufen am 24.07.2018.

Goethe, Johann Wolfgang von: Dichtung und Wahrheit. Erster und zweiter Teil. Leipzig 1811/1812. URL: http://gutenberg.spiegel.de/buch/dichtung-und-wahrheit-erster-und-zweiter-teil-7130/12. Abgerufen am 13.07.2018.

Ders.: Aus meinem Leben. Dichtung und Wahrheit. In: Goethes sämmtliche Schriften, Band 24. Wien 1813, S. 323.

Gräbner, Dieter: „Zeitung und Bücher – Juwelen und Uhren“. In: Gräbner, Dieter; Weszkalnys, Stefan: Bürger, Brücken und Duelle. Die Geschichte der Großstadt Saarbrücken. Saarbrücken 2009, S. 105-108.

Gräbner, Dieter; Weszkalnys, Stefan: Bürger, Brücken und Duelle. Die Geschichte der Großstadt Saarbrücken. Bilder, Erinnerungen und Chronik. Saarbrücken 2009, S. 36, 211, 205-236.

Grohmann, Guido: „Der geizige Bäcker: Entschlüsselung einer Saarbrücker Sage“. URL: http://saarbruecker-geschichten.de/der-geizige-baecker-entschluesselung-einer-saarbruecker-sage. Abgerufen am 18.07.2018.

Ders.: Die Familie Hofer und ihre Saarbrücker Zeitung“. URL: http://saarbruecker-geschichten.de/die-familie-hofer-und-ihre-saarbruecker-zeitung. Abgerufen am 19.07.2018.

Haas, Eduard: Jugenderinnerungen aus der alten Saarbrücker Zeit. Saarbrücken 1912, Nachdruck Saarbrücken 2007.

Hein, Andreas: „Saarbrücken. Deutschherrenhaus, St. Elisabeth“. URL: https://www.alleburgen.de/bd.php?id=28036. Abgerufen am 10.07.2018.

Heinz, Dieter: „Winterbergdenkmal Saarbrücken“. In: Saarheimat 18/1974, S. 189-195.

Henss, Ronald: Auf Goethes Spuren – Der Brennende Berg in Dudweiler. URL: https://herbstgedicht.wordpress.com/2010/02/07/brennender-berg-dudweiler/. Abgerufen am 13.07.2018.

Helbig, Gustav Adolf Wilhelm von: Russische Günstlinge. Tübingen 1809, S. 386-389.

Herkommer, Hans: Festschrift zur Einweihung der St. Michaelskirche 1924. URL: https://www.pfarrei-st-johann.de/st-michael.html. Abgerufen am 20.07.2018.

Hilton, James: Chronograms Collected. More Than 4000 in Number Since the Publication of the Two Preceding Volumes in 1882 and 1885. London 1895, S. 1-4.

Hinke, Bella: „Königin Luise von Preußen“. URL: http://www.kaiserin.de/koenigin-luise-von-preussen.php. Abgerufen am 09.07.2018.

Historischer Verein für die Saargegend (Hrsg.): Beiträge zur Geschichte der Saargegend, Heft 7. Saarbrücken 1900, S. 192 ff.

Jacob, Thomas: Obelisk – Symbol, Bedeutung und Herkunft dieser Monumente. URL: https://www.derkleinegarten.de/mehr-infos-bilder/symbollexikon/obelisken.html. Abgerufen am 15.07.2018.

Jakobs, Guntram: „Die geschichtliche Entwicklung des Kirschhecks“. In: Initiative Kirschheck: Festschrift. 150 Jahre Kirschheck. Saarbrücken 2007, S. 27-47.

Joachim, Ernst: „Heinrich, Fürst von Nassau-Saarbrücken“. In: Allgemeine Deutsche Biografie, Band 11 (1880), S. 553–554. URL: https://de.wikisource.org/wiki/ADB:Heinrich_(F%C3%BCrst_von_Nassau-Saarbr%C3%BCcken). Abgerufen am 15.07.2018.

Jugendhilfezentrum (Hrsg.): 100 Jahre Kinderheim Am Ordensgut – im Wandel eines Jahrhunderts. Saarbrücken 1996.

Kladderadatsch: Humoristisch-satirisches Wochenblatt. Ausgabe 23 vom 7. August 1870.

Kloevekorn, Fritz: Saarbrückens Vergangenheit im Bilde, 2. Auflage. Saarbrücken 1934, Nachdruck Frankfurt a.M. 1976.

Knauf, Rainer: „Ehrengrabstätten auf Saarbrücker Friedhöfen“. In: Beiträge zur Geschichte Saarbrückens. Zeitschrift für die Geschichte der Saargegend 47. Saarbrücken 1999, S. 331-357.

Kolling, Alfons: Der geizige Bäcker – eine Schreckmaskenskulptur vom Saarbrücker Renaissanceschloß. Saarbrücken 1999.

Köllner, Adolph: Geschichte der Städte Saarbrücken und St. Johann. Band 1. Saarbrücken 1865, S. 1 ff., S. 271 f.

Krebs, Gerhild: Die Befestigungsanlagen des Westwalls im Saarland. URL: http://www.memotransfront.uni-saarland.de/westwall.shtml. Abgerufen am 25.07.2018.

Dies.: „Ehemalige Grube Von der Heydt“. URL: http://www.memotransfront.uni-saarland.de/grube_vonderheydt.shtml. Abgerufen am 16.07.2018.

Dies.: „Königin Luise von Preußen in Saarbrücken“. In: Hudemann, Rainer et al.: Stätten grenzüberschreitender Erinnerung – Spuren der Vernetzung des Saar-Lor-Lux-Raumes im 19. und 20. Jahrhundert. Saarbrücken 2002. URL: http://www.memotransfront.uni-saarland.de/pdf/luise_saarbruecken.pdf. Abgerufen am 09.07.2018.

Dies.: „Saarbrücker Schloss“. URL: http://www.memotransfront.uni-saarland.de/schloss_saarbruecken.shtml. Abgerufen am 16.07.2018.

Dies.: „Siedlung der Grube Von der Heydt“. URL: http://www.memotransfront.uni-saarland.de/siedlung_vonderheydt.shtml. Abgerufen am 16.07.2018.

Dies.: „2146 Steine – Mahnmal gegen Rassismus“. URL: http://www.memotransfront.uni-saarland.de/unsichtbares_mahnmal.shtml. Abgerufen am 24.07.2018.

Dies.: „Winterbergdenkmal (1874–1939)“. In: Stätten grenzüberschreitender Erinnerung – Spuren der Vernetzung des Saar-Lor-Lux-Raumes im 19. und 20. Jahrhundert. Saarbrücken 2002. URL: http://www.memotransfront.uni-saarland.de/winterbergdenkmal.shtml. Abgerufen am 04.07.2018.

Kügler, Karlheinz: „Der alte Turm und seine

Aussage“. In: Historische Beiträge aus der Arbeit der Dudweiler Geschichtswerkstatt. Band 9. Dudweiler 2006, S. 21-27.

Kulke, Ulli: „An Fürst Potemkin war alles echt. Auch die Dörfer“. URL: https://www.welt.de/kultur/history/article12607459/An-Fuerst-Potemkin-war-alles-echt-Auch-die-Doerfer.html. Abgerufen am 18.07.2018.

Landesdenkmalamt Saarland: Denkmalliste des Saarlandes. Teildenkmalliste der Landeshauptstadt Saarbrücken. URL: http://www.wikiwand.com/de/Liste_der_Baudenkm%C3%A4ler_in_Dudweiler#/overview. Abgerufen am 24.07.2018.

Landeshauptstadt Saarbrücken (Hrsg.): Saarbrücker Ehrenbürgerbuch. Saarbrücken 2002.

Dies.: „Feldmann, Friedrich Wilhelm“. In: Liste der Stadtoberhäupter. Saarbrücken.de. URL: http://www.saarbruecken.de/media/download-59b6a28838338. Abgerufen am 12.07.2018.

Dies.: „Mangold, Emil“. In: Liste der Stadtoberhäupter. Saarbrücken.de. URL: http://www.saarbruecken.de/media/download-59b6a2832d95b. Abgerufen am 12.07.2018.

Landeszentrale für politische Bildung: Das Saarland. Politische, wirtschaftliche und kulturelle Entwicklung. Saarbrücken.

Langenstein, Dennis: „Zukunft der Grube Velsen ist weiter offen“. In: Saarbrücker Zeitung vom 23. Februar 2018. URL: https://www.saarbruecker-zeitung.de/saarland/saarbruecken/voelklingen/zukunft-der-grube-velsen-ist-weiter-offen_aid-7577413. Abgerufen am 27.07.2018.

Lohmeyer, Karl: Die Sagen der Saar. Gesamtausgabe. Saarbrücken 2011, S. 135.

Ders.: Friedrich Joachim Stengel 1694-1787. Düsseldorf 1911, Nachdruck Saarbrücken 1982.

Ders.: Südwestdeutsche Barockgärten. Saarbrücken 1937, Nachdruck Saarbrücken 1975 und 1978.

Mast, Peter: Die Hohenzollern in Lebensbildern. Kreuzlingen 2000, S. 178 ff.

Möhn, Anna-Maria: „Die Bombenangriffe der Alliierten“. URL: https://nk.es-heftche.de/index.php/jahrgang-12/111-ausgabe-139-november-2009/2415-die-bombenangriffe-der-alliierten. Abgerufen am 18.07.2018.

Müller, Hans Dieter: Königin Luise von Preußen. Luise nimmt Einfluss auf das Reformwerk in Preussen. URL: http://www.koenigin-luise.com/Reformen/reformen.html. Abgerufen am 09.07.2018.

Parino, Ralf: „Katharine Weißgerber. Der Mythos ‚Schultze Kathrin‘“. In: Matzerath, Simon (Hrsg.): Prominente Menschen aus dem Saarland. Saarbrücken 2017, S. 66-81.

Peters, Wolfgang: Die Pfarrkirche St. Michael in Saarbrücken: Stadtkrone und Engelskirche. Saarbrücken 2014, S. 9 ff.

Pfarrei St. Marien Saarbrücken: Pfarrkirche Maria Himmelfahrt. URL: https://www.dudokirche.de/unsere-pfarrei/. Abgerufen am 23.07.2018.

Pressemitteilung der Stadt Saarbrücken: Wolfgang-Staudte-Platz offiziell eingeweiht. 14.04.2016.

Regionalverband Saarbrücken: 25 Jahre Unsichtbares Mahnmal. URL: https://www.regionalverband-saarbruecken.de/mahnmal/. Abgerufen am 30.07.2018.

Ruf, Peter: „Ereignisse und Entwicklungen 1740-1815“. In: Schlenke, Manfred: Preußen-Ploetz. Freiburg/Würzburg 1983, S. 172.

Ruppersberg, Albert: Geschichte der Gemeinde und Bürgermeisterei Dudweiler. Saarbrücken 1923, S. 130.

Ders.: Geschichte der ehemaligen Grafschaft Saarbrücken, Bd. 3 und 4. 2. Aufl. Saarbrücken 1913, Nachdruck St. Ingbert 1979.

Ders.: Saarbrücker Kriegschronik – Ereignisse in und bei Saarbrücken und St. Johann sowie am Spicherer Berge 1870. Saarbrücken 1895, Nachdruck St. Ingbert 1978.

Ruth, Karl Heinz: „Die Alaungewinnung am Brennenden Berg“. In: Historische Beiträge aus der Arbeit der Dudweiler Geschichtswerkstatt, Band 5. Dudweiler 1998, S. 7-15.

Saam, Rudolf: Saarbrückens Entwicklung als Hafenstadt. In: Stadt Saarbrücken (Hrsg.): 1909-1959 Saarbrücken. 50 Jahre Großstadt. Saarbrücken 1959, S. 139-149.

Saarbahn.de: 1892 - 1918 Vom Dampfbetrieb zur Elektrifizierung. URL: http://www.saarbahn.de/de/ueber_uns/125_jahre/historie_1892_2017/historie_1892_1918. Abgerufen am 24.07.2018.

Saarbrücker Zeitung (Hrsg.): Heinrich von Nassau-Saarbrücken. Berichtsbroschüre über Ablauf und Ansprachen der Beisetzungsfeierlichkeiten vom 27. November 1976 auf dem Halberg. Saarbrücken 1976.

Dies.: „Ehemaliges Don-Bosco-Heim für 8,6 Millionen DM renoviert. Jetzt Schmuckstück für Beamte“. In: Saarbrücker Zeitung vom 24.08.1986.

Dies.: „Ludwigskirche. Petrus und Paulus sind wieder zurück“. In: Saarbrücker Zeitung vom 05. Dezember 2017. URL: https://www.saarbruecker-zeitung.de/saarland/saarbruecken/saarbruecken/petrus-und-paulus-sind-wieder-zurueck_aid-6914400. Abgerufen am 03.07.2018.

Dies.: Nachruf von Ernst Dürrfeld vom 30.05.1936. Erschienen am 01.06.1936.

Dies.: „Umstrittenes Mahnmal wird 20 Jahre alt“. In: Saarbrücker Zeitung vom 17. Mai 2003. URL: https://www.saarbruecker-zeitung.de/saarland/saarland/umstrittenes-mahnmal-wird-20-jahre-alt_aid-580002. Abgerufen am 24.07.2018.

Dies.: „Willi Huth ist tot“. Artikel vom 31.05.1936.

Saarland, Chef der Staatskanzlei (Hrsg.): Amtsblatt des Saarlandes Nr. 56/2004 – Öffentliches Verzeichnis der Denkmäler im Saarland. Saarbrücken 2004.

Saarländischer Rundfunk: Der Rundweg „Historischer Halberg“. Broschüre. Saarbrücken, April 2017.

Saar-Nostalgie: „Souvenirs: Six écoliers français du Lycée Maréchal Ney“. In: Saar-Nostalgie. URL: http://www.saar-nostalgie.de/SouvenirsEcoliers.htm. Abgerufen am 18.07.2018.

Sauer, Helmut: „Dudweiler Denkmäler Teil 2 – Rathaus“. In: Historische Beiträge aus der Arbeit der Dudweiler Geschichtswerkstatt, Band 14. Dudweiler 2016, S. 132 ff.

Ders.: Zeittafel von Dudweiler. URL: https://www.dudweiler-geschichtswerkstatt.de/dudweiler-daten/zeittafel/. Abgerufen am 24.07.2018.

Sauer, Lena: „Zu 30 Jahre Dudweiler Geschichtswerkstatt: Oberleitungsrosetten als Relikte der früheren Straßenbahn durch Dudweiler". URL: http://www.dudweiler-blog.de/2018/07/zu-30-jahre-dudweiler-geschichtswerkstatt-dudweiler-relikte-folge-11-juli-2018-oberleitungsrosetten-in-der-saarbruecker-strasse-und-mehr/15490. Abgerufen am 24.07.2018.

Schleiden, Karl August: Saarbrücken so wie es war. Bd.1 Düsseldorf 1973, Bd. 2 Düsseldorf 1980, Bd. 3 Düsseldorf 1985.

Ders.: Illustrierte Geschichte der Stadt Saarbrücken (bis März 1945). Dillingen/Saar 2009.

Schmidt, Theo: „Weingut Petersberg in Saarbrücken". In: Saarheimat, Nr. 1, Juni 1957, S. 18-20.

Schneider, Lina: „Der Skandal Staudte". In: Die Zeit vom 27. Januar 1984. URL: https://www.zeit.de/1984/05/der-skandal-staudte. Abgerufen am 20.07.2018.

Schottner, Alfred: Die „Ordnungen" der mittelalterlichen Dombauhütten: Verschriftlichung und Fortschreibung der mündlich überlieferten Regeln der Steinmetzen. Münster 1995, S. 60.

Schrenk, Gertrud: Die Trümmerfrauen des Waldes. URL: http://www.gertrud-schrenk.de/weblog/truemmerfr.htm. Abgerufen am 25.07.2018.

Slotta, Delf: „Der Steinkohlenbergbau an der Saar und sein bauliches Erbe. Technische Denkmäler und architektonische Kostbarkeiten im saarländischen Bergbaurevier". In: RAG Deutsche Steinkohle AG (Hrsg.): Bergmannskalender 2011. Saarbergbau und sein bauliches Erbe. Herne 2011, S. 69-137.

Ders.: „Von der Heydt. Einblicke in frühere Arbeits- und Lebenswelten". In: Initiative Kirschheck: Festschrift. 150 Jahre Kirschheck. Saarbrücken 2007, S. 51-66.

Spilker, Werner: Die Bedeutung der Saarbergwerke für die Entwicklung der Großstadt Saarbrücken in den ersten 50 Jahren ihres Bestehens. In: Stadt Saarbrücken (Hrsg.): 1909-1959 Saarbrücken. 50 Jahre Großstadt. Saarbrücken 1959, S. 132-138.

Stadt Saarbrücken (Hrsg.): Saarbrücken 1909-1959. 50 Jahre Großstadt. Saarbrücken 1959.

Dies.: Adressbuch 1952-1953 der Stadt Saarbrücken. Saarbrücken 1952.

Dies.: Adressbuch der Stadt Saarbrücken 1969/70. Saarbrücken 1969.

Dies.: Saarbrücken 1909 – Adressbuch der Saarstädte.

Stadtarchiv Saarbrücken, Bestand Großstadt Nr. 5427: Nachruf auf die Telemach-Statue.

Stadtarchiv Völkingen: Duell. URL: https://stadtarchiv.voelklingen.de/sonderveroeffentlichungen/voelklinger-mythen/mythos-gruenderzeit/duell/. Abgerufen am 20.07.2018.

Steig, Reinhold: „Ergo bibamus". In: Goethe-Jahrbuch 16, Frankfurt am Main 1895, S. 186-188.

Stiftung für Wohnungsbau der Bergarbeiter: Bergarbeiterwohnungsbau im Saarland. Zwei Jahrhunderte Siedlungswesen – Eine Zeitreise. URL: http://stwb.net/geschichte/stiftung-fur-wohnungsbau-der-bergarbeiter-1949-2009/bergarbeiterwohnungsbau-im-saarland.html. Abgerufen am 17.07.2018.

St. Johann-Saarbrücker Volkszeitung vom 4. Juni 1902, S. 3 und vom 5. Juni 1902, S. 2.

Synagogengemeinde Saar: „Geschichte". URL: http://www.sgsaar.de/index.php?seite=geschichte. Abgerufen am 11.07.2018.

Trepesch, Christof (Hrsg.): Gartenkunst in Saarbrücken. Worms 1999, S. 149-151.

Tschierschke, Anja; Zündorf, Irmgard: „Biografie Wolfgang Staudte". In: LeMO-Biografien, Lebendiges Museum Online, Stiftung Haus der Geschichte der Bundesrepublik Deutschland, URL: http://www.hdg.de/lemo/biografie/wolfgang-staudte.html. Abgerufen am 20.07.2018.

Waechter, F.: Das Aufbauprogramm der Saargrubenverwaltung. In: Verein Deutscher Bergleute (Hrsg.): Der Steinkohlenbergbau an der Saar. Festschrift zur 1. Hauptversammlung des Vereins Deutscher Bergleute in Saarbrücken 1936. Berlin 1936, S. 1-16.

WDR: „30. Dezember 1947 – Kälte- und Hungerwinter in Deutschland". URL: https://www1.wdr.de/stichtag/stichtag7118.html. Abgerufen am 18.07.2018.

Weszkalnys, Hans: Lebenserinnerungen eines Saarbrücker Architekten aus den Jahren 1894-1908. In: Saarbrücker Hefte, Nr. 34/1971, Fortsetzungen in Nr. 37/1973, Nr. 38/1973, Nr. 41/1975 und Nr. 43/1976.

Weszkalnys, Stefan: Altes Saarbrücken – Ein Kalender für 1983. Saarbrücken 1982.

Ders.: Altes Saarbrücken – ein Kalender für 1984. Saarbrücken 1983.

Wetzel, Sabine: Vom Deutschhaus zum Jugendhilfezentrum. Die Geschichte des Ordensgutes in Saarbrücken. Saarbrücken 1995, S. 52 ff.

Wikipedia: „Bergbau im Saarland". URL: https://de.wikipedia.org/wiki/Bergbau_im_Saarland. Abgerufen am 18.07.2018.

Dies.: „Katharina Kest". URL: https://de.wikipedia.org/wiki/Katharina_Kest. Abgerufen am 27.07.2018.

Dies.: „Paul Schmook". URL: https://de.wikipedia.org/wiki/Paul_Schmook). Abgerufen am 30.07.2018.

Winckelmann, Johann Joachim: Gedanken über die Nachahmung der griechischen Werke in der Malerei und Bildhauerkunst. Dresden und Leipzig 1756.

Zimmermann, Walter: Die Kunstdenkmäler der Stadt und des Landkreises Saarbrücken. Düsseldorf 1932, Nachdruck Saarbrücken 1975.

Bildnachweis

S. 7: Iris Maurer / Saarbrücker Zeitung

S. 24, 113: Robby Lorenz / Saarbrücker Zeitung

S. 30: Roland Schmitt

S. 31: Wolfgang Selke

S. 44: Kirstin Vorbeck

S. 62: Frank Schilling

S. 73: Christoph Spanier / Theater im Viertel

S. 86, 168: Jutta Friedrich

1 Brennender Berg
2 Steinmetzzeichen
3 Mauerrest
4 Kastell
5 Brunnenfigur
6 Hände
7 Relief
8 Steinkreis
9 Telemach
10 Keltenstein
11 Männerkopf
12 Bunker
13 Hochwassermarke
14 Obstkörbe
15 Krater
16 Portal
17 Firmenschild
18 Alarmturm
19 Bezirkskommando
20 Brunnen
21 Buchstaben
22 Bodenklappe
23 Obelisk
24 40er-Grab
25 Schienen
26 Straßenbahnrosette
27 Zaun
28 Fenstergewände
29 Ruine
30 Streichholzbäume
31 Mottelstein
32 Kreuzung
33 Turm
34 Grabplatte
35 Pflastersteine
36 Fenster

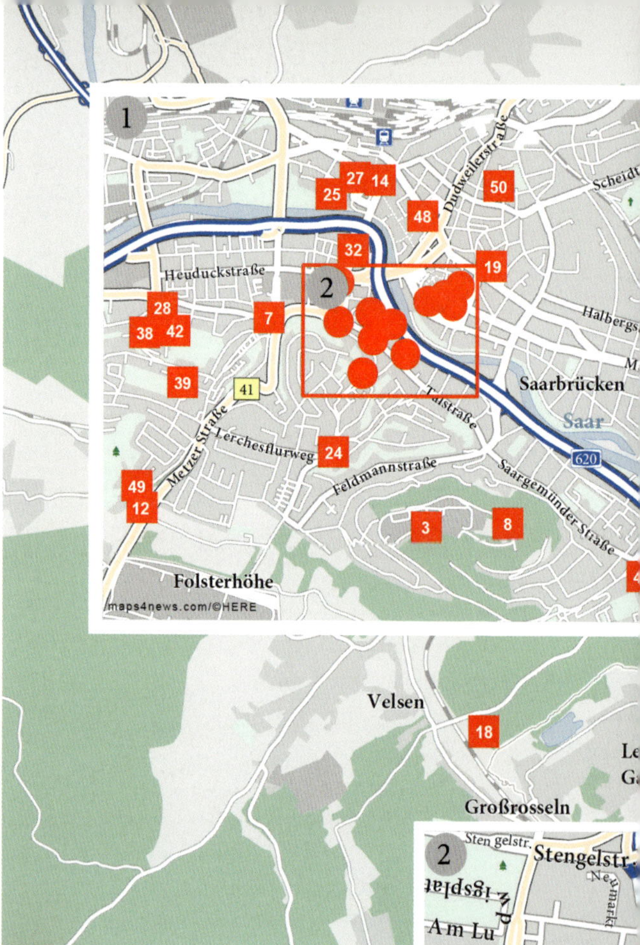

37 Grabinschrift
38 Gesichter
39 Lulustein
40 Bierkeller
41 Kleiner Fuji
42 Renaissanceportal
43 Schlussstein
44 Wetzrillen
45 Dachfigur
46 Luisenbrunnen
47 Steinernes Band
48 Gedenktafel
49 Grabstein
50 Turmspitzen

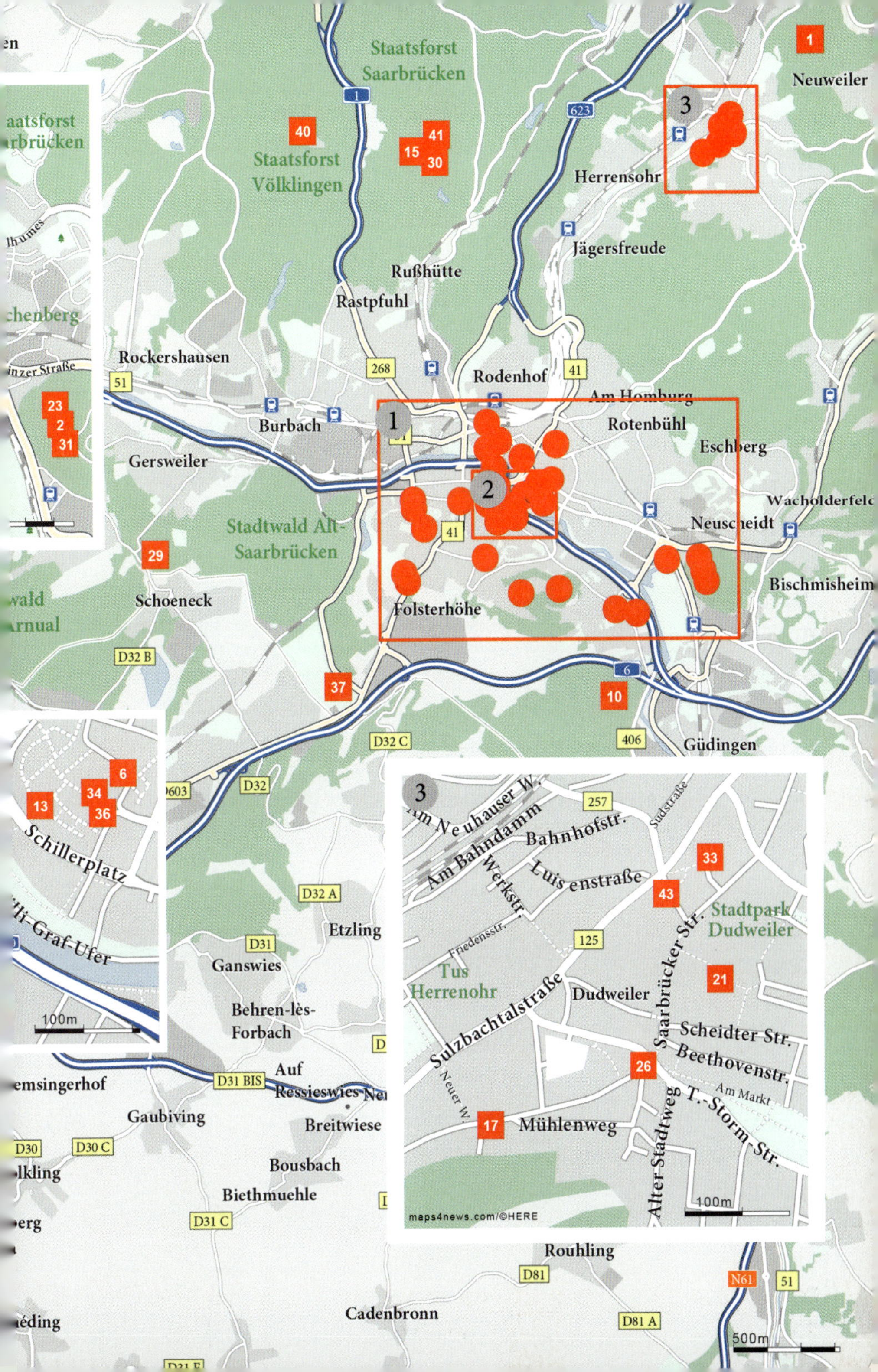

Staatsforst Saarbrücken
Staatsforst Völklingen
Neuweiler
Herrensohr
Jägersfreude
Rußhütte
Rastpfuhl
Rockershausen
Rodenhof
Am Homburg
Burbach
Rotenbühl
Eschberg
Gersweiler
Wacholderfeld
Neuscheidt
Stadtwald Alt-Saarbrücken
Bischmisheim
Schoeneck
Folsterhöhe
Güdingen
Etzling
Ganswies
Behren-lès-Forbach
Auf Ressieswies
Breitwiese
Gaubiving
Bousbach
Biethmuehle
Rouhling
Cadenbronn
Schillerplatz
Am Neuhauser W.
Am Bahndamm
Bahnhofstr.
Werkstr.
Luisenstraße
Südstraße
Stadtpark Dudweiler
Friedensstr.
Tus Herrenohr
Dudweiler
Saarbrücker Str.
Sulzbachtalstraße
Scheidter Str.
Beethovenstr.
Am Markt
T.-Storm-Str.
Neuer W.
Mühlenweg
Alter Stadtweg
100m
500m
maps4news.com/©HERE

SIE WOLLEN NOCH MEHR ÜBER

Saarbrücken

WISSEN?

Hier gibt es sachkundige Informationen:

BarockStraße SaarPfalz
Die rund 250 Kilometer lange kulturtouristische Erlebnisroute im Saarland und der angrenzenden Westpfalz thematisiert die barocken Zentren der Region und die Zeit zwischen 1650 und 1800.
Homepage:
http://www.barockstrasse-saarpfalz.de/barockstrasse/

Dudweiler Geschichtswerkstatt
Arbeitsgemeinschaft der Volkshochschule des Regionalverbandes Saarbrücken – VHS in Dudweiler.
Roland Stephan
Telefon: 06897 / 7779160
E-Mail: dudweiler977@dudweiler-geschichtswerkstatt.de
Homepage:
www.dudweiler-geschichtswerkstatt.de

Erlebnisbergwerk Velsen e.V.
Steinkohlenbergbau zum Anfassen.
Alte Grube Velsen 7
66127 Saarbrücken
Telefon: 0176 / 56586013
E-Mail: info@erlebnisbergwerkvelsen.de
Homepage:
www.erlebnisbergwerkvelsen.de

Geographie ohne Grenzen e.V. / StattReisen Saar
Zwischen Kelten, Felsen und Bäumen – Rundgang über den Sonnenberg
Auf einem Spaziergang über den Sonnenberg wird ein Einblick in die Geschichte dieser hoch über Saarbrücken gelegenen Fläche gegeben. Dabei wird der Bogen von den uralten Spuren der Kelten und den Überresten ihrer Siedlung bis zur heutigen Waldnutzung gespannt. Auch die Geologie, die u. a. die bekannten Felsenwege hervorgebracht hat, ist ein wichtiges Thema. Festes Schuhwerk empfohlen.
Evangelisch-Kirch-Str. 8
66111 Saarbrücken
Telefon: 0681 / 301 402 89
E-Mail:
info@geographie-ohne-grenzen.de
Homepage:
www.geographie-ohne-grenzen.de
Öffnungszeiten: Di.-Fr. 9-12 Uhr

Britta Hess
Als Gästeführerin der Großregion bietet Britta Hess grenzüberschreitend nach Frankreich und Luxemburg Stadtführungen und Tagesbegleitungen für interessierte Gruppen an. Dabei liegt ihr besonderer Schwerpunkt auf Saarbrücken und Metz.
Eichenweg 6
66287 Quierschied
Telefon: 06897 / 66049
E-Mail: info@saar-lor-lux-reisen.com
Homepage: www.saar-lor-lux-reisen.com

Historisches Museum Saar
Das Historische Museum Saar informiert über die wechselvolle Geschichte des Saarlandes. Die Dauerausstellung „Saargeschichte seit 1870" zeichnet die spannende Entwicklung der deutsch-französischen Grenzregion seit dem Krieg 1870/71 nach. Im Museum können Besucherinnen und Besucher außerdem 14 Meter unter den Schlossplatz in die unterirdische Burg hinabsteigen – eine deutschlandweit einzigartige Sehenswürdigkeit.
Schlossplatz 15
66119 Saarbrücken
Telefon: 0681 / 506 4501 oder 506-4506
E-Mail: hms@hismus.de
Homepage:
www.historisches-museum.org
Öffnungszeiten: Di.-So. 10-18 Uhr,
Mi. 10-20 Uhr

Katholische Pfarrkirche St. Michael
Gruppenbesichtigungen und -führungen nach Anmeldung
Schumannstr. 25
66111 Saarbrücken
Telefon: 0681 / 90 68 80
E-Mail: kontakt@pfarrei-st-johann.de
Homepage:
www.pfarrei-st-johann.de/st-michael.html
Öffnungszeiten: Sa. (außer Feiertag)
15-18 Uhr

Rundweg „Historischer Halberg"
Schloss Halberg, Stummscher Friedhof, Mithrasgrotte und vieles mehr – Zweistündiger Waldspaziergang zu den zahlreichen historischen Stätten des Saarbrücker Halbergs. Für die vom Saarländischen Rundfunk angelegten 3,5 Kilometer wird festes Schuhwerk empfohlen – Führung möglich.
Funkhaus Halberg
Franz-Mai-Straße
66121 Saarbrücken
Telefon: 0681 / 602 2048 (Beate Lupp)
E-Mail: fuehrungen@sr.de
Homepage:
www.sr.de/sr/home/der_sr/service/sr_fuehrungen100.html

Saarländischer Verein für Denkmalschutz e.V. – Vereinigung Ludwigskirche
Der Verein vertritt den Denkmalschutzgedanken in der Öffentlichkeit und unterstützt Bemühungen und Aktivitäten des Denkmalschutzes. Dazu veranstaltet er Vorträge, führt Tagesfahrten mit fachkundigen Führungen durch und unterstützt denkmalpflegerische Aktivitäten und Veröffentlichungen im Saarland durch Spenden. Neue Mitglieder sind herzlich willkommen.
Dr. des. Heidi Kügler
Hochstraße 6
66125 Saarbrücken
Telefon: 06897 / 7001
E-Mail:
info@denkmalschutz-saarland.de
Homepage:
www.denkmalschutz-saarland.de

Theater im Viertel
Landwehrplatz 2
66111 Saarbrücken
Telefon: 0681 / 9679353
Homepage: www.dastiv.de

Publikationen:

Gräbner, Dieter; Weszkalnys, Stefan: Der ungehörte Zeuge – Kurt Gerstein, Christ, SS-Offizier, Spion im Lager der Mörder. Saarbrücken 2006.

Gräbner, Dieter; Weszkalnys, Stefan: Bürger, Brücken und Duelle – Die Geschichte der Großstadt Saarbrücken 1909-2009. Saarbrücken 2009.

Gräbner, Dieter; Weszkalnys, Stefan: Wo die Heimat wohnt – Museen im Saarland. St. Ingbert/Saar 2015.

Peters, Wolfgang: Die Pfarrkirche St. Michael in Saarbrücken: Stadtkrone und Engelskirche. Saarbrücken 2014.

Matzerath, Simon (Hrsg.): Prominente Menschen aus dem Saarland. Von Gräfin Elisabeth bis in das 21. Jahrhundert. Begleitband zur Sonderausstellung im Historischen Museum Saar, 27. August 2017 bis 13. Mai 2018. Mainz 2017.

Matzerath, Simon (Hrsg.): Steinerne Macht. Burgen, Schlösser und Festungen in Lothringen, Luxemburg und im Saarland. Begleitband zur Sonderausstellung im Historischen Museum Saar, 16. November 2018 bis 23. Juni 2019.

Besuchen Sie uns im Internet: **www.bast-medien.de**

Das Bast-Medien-Team bedankt sich herzlich bei Peter Stefan Weszkalnys für die großartige Unterstützung und die umfassende historische Beratung!

Haftungsausschluss

Trotz intensiven Austauschs mit unseren Gesprächspartnern, gewissenhafter Literaturrecherche und aufmerksamem Korrekturlesen erheben wir weder einen Anspruch auf Vollständigkeit noch auf Fehlerlosigkeit. Wir haben streng darauf geachtet, keine Urheberrechte zu verletzen, unsere Recherchen sind nach bestem Wissen und Gewissen erfolgt. Dennoch übernehmen wir keinerlei Gewähr für die Aktualität, Korrektheit oder Vollständigkeit der bereitgestellten Informationen. Haftungsansprüche gegen uns schließen wir grundsätzlich aus.